GLAUBE ALS ZUMUTUNG

Christsein mit Markus

P. Karl Kern SJ

GLAUBE ALS ZUMUTUNG

Christsein mit Markus

Predigten in St. Michael, München

IMPRESSUM

ISBN 978-3-947029-32-7

1. Auflage 2020

Printed in Germany.

Ölpastell-Arbeiten: Professor Ernst Arnold Bauer
Titelbild: „Abbild Christi", Monotypie
Rücktitel: Weihwasserkessel, Sakristei Jesuitenkirche St. Michael, München
Foto: Walter Glück

Satz und Druck:
Cl. Attenkofer'sche Buch- und Kunstdruckerei

www.verlag-attenkofer.de
www.st-michael-muenchen.de

INHALT

	Einleitung	7
Mk 1, 1-8	Verheißungsvoller Anfang – Abruptes Ende	16
Mk 1, 7-11	Taufe auf den Tod	22
Mk 1, 14-20	Glaube auf der Kippe	27
Mk 1, 29-39	Christsein nach Jesu Vorbild	34
Mk 1, 40-45	Der Dämon in uns allen	40
Mk 2, 1-12	Die Grundbotschaft Jesu konkret	44
Mk 3, 22-30	Jesus Christus, das barmherzige Antlitz Gottes	50
Mk 3, 20-35	Angriff von zwei Seiten	57
Mk 4, 26-34	Die Kraft des Wortes Gottes	64
Mk 5, 21-43	Im Glauben berührt sein und auferstehen	69
Mk 6, 1-6a	Das Wunder der Hoffnung	76
Mk 6, 7-13	Christen auf Sendung	82
Mk 6, 30-34	Wahrer Urlaub	88
Mk 7, 31-37	Glaube in heidnischer Umwelt	94
Mk 8, 27-35	Der Dämon in Petrus	99
Mk 9, 2-10	Das Geheimnis der eigenen Identität	105
Mk 9, 30-37	Das neue Miteinander	112
Mk 9, 38-48	Verwandelte Aggression	119
Mk 10, 2-16	Ehe im Widerstreit	124
Mk 10, 17-30	Der Kuss Jesu	128
Mk 10, 46-52	Weltmission heute	134
Mk 11, 1-10	Der andere König	141

Mk 12, 28b-34	Gott lieben?	145
Mk 12, 41-44	Leben aus dem Wunder	150
Mk 13, 24-32	Wissen um das Ende	156
Mk 13, 33-37	Höchste Kunst der Achtsamkeit	162
Mk 16, 1-8	Auferstehung mitten am Tag	166
Mk 16, 15-20	Des Fleisches Himmelfahrt	174

Professor Ernst Arnold Bauer 180

Pater Karl Kern SJ 181

Der Aufstieg zum Berg Karmel 182

Diese und weitere Predigten zum Markusevangelium sind nachzuhören unter **www.st-michael-muenchen.de/kern**

EINLEITUNG

Markus war ein Pionier. Bis zu ihm nannte man die Botschaft von Kreuz und Auferstehung Jesu „Evangelium". Markus schuf unter diesem Begriff um das Jahr 70 eine neue literarische Gattung. Zu dieser Zeit verstand man in der griechisch-römischen Kultur unter dem griechischen Wort „euangelion" eine gute Nachricht aus dem Kaiserhaus wie z.B. die Geburt eines Kindes. Auch erfreuliche Nachrichten aus dem privaten Bereich wurden „euangelion" genannt. Den Juden Markus erinnerte dieses Wort an die Freudenbotin beim Propheten Jesaja, durch die eine neue Zeit des Heils angekündigt wurde (Jes 40,9).

Markus setzt dieses Wort programmatisch an den Beginn seiner Jesusgeschichte: „Anfang des Evangeliums von Jesus Christus, Gottes Sohn" (Mk 1,1). Sein Werk ähnelt den antiken Biographien. Solche Lebensdarstellungen großer Männer kamen zu seiner Zeit in Mode. In ihnen wurde eine historische Persönlichkeit durch Anekdoten und Erzählungen, in Worten und Taten plastisch vor Augen geführt und der Leserschaft als Lebensmodell vorgestellt. Die Vita des Markus, sein Evangelium, handelt von keiner allgemein bekannten Person, sondern von einem unbekannten jungen Mann aus einer Unruheprovinz im Osten, der noch dazu als Aufrührer hingerichtet wurde. Einem solchen „Helden" eine Vita zu widmen, ist schon in sich eine Provokation.

Das Markusevangelium beginnt in der Wüste (Mk 1,1-13) und endet am Grab (Mk 15,42-16,8). Innerhalb dieses Rahmens gliedert sich das älteste Evangelium in drei Hauptteile: das Wirken Jesu in Galiläa (Mk 1,16-8,26), der Weg nach Jerusalem (8,27-10,52), die Passionswoche in der Heiligen Stadt (Mk 11,1-15,41). Markus hat sein gesamtes Werk auf die Passion Jesu zu komponiert. Auf seinem Lebensende liegt das inhaltliche Gewicht. Die Flucht der Frauen vom Grab markiert einen provozierenden offenen Schluss mit vielen Fragen. Die gläubigen Leserinnen und Leser wussten, dass erst die Auferstehung Jesu – obwohl sie im Markusevangelium nicht erzählt wird – die Geschichte der Verkündigung Jesu in Gang gesetzt hatte.

Matthäus und Lukas haben in ihren Evangelien die Grundstruktur des Markus übernommen und eine Kindheitsgeschichte vorangestellt. Auch das war bei antiken Viten bekannter Persönlichkeiten üblich. Johannes ging im Aufbau eigene Wege. Er orientierte sich an den jüdischen Pilgerfesten, die Jesus mehrmals nach Jerusalem führten. Er erzählte die Geschichte Jesu als Geschichte des göttlichen Offenbarers, der als „fleischgewordenes Wort" (Joh 1,14) die Menschen zur Gotteserkenntnis und damit auf den Weg zum ewigen Leben führen will.

Die altkirchliche Tradition hat das älteste Evangelium einem Johannes Markus zugeschrieben. Sein Name wird im Werk nicht genannt. Markus wird als Mitarbeiter des Paulus erwähnt (Phlm 23f; Kol 4,10; 2 Tim 4,11) und von Petrus „mein Sohn" genannt (1 Petr 5,13). Er galt als Dolmetscher und Interpret des Petrus. Die genaue Verfasserschaft bleibt für uns jedoch im Dunkeln. Vielleicht war es ein unbekannter Christ, der sein Evangelium für die römischen Gemeinden geschrieben hat, wofür vieles spricht.

Der Autor Markus konnte auf Sammlungen von Wundergeschichten, Aussprüchen und Gleichnissen Jesu sowie auf eine frühe schriftliche Fassung der Passion zurückgreifen. Eine Ganzschrift über das Leben Jesu zu konzipieren, legte sich schon deshalb nahe, weil um das Jahr 70 die erste Generation der Augen- und Ohrenzeugen am Aussterben war. Außerdem – das wird im vorliegenden Buch öfters betont – waren zwei traumatische Ereignisse für die Adressaten zu bewältigen: die blutige Verfolgung der römischen Gemeinde unter Nero nach dem Brand Roms im Jahr 64 und die Zerstörung Jerusalems mit seinem Heiligen Tempel im Jahr 70. Der im Jahre 69 neu ausgerufene Kaiser Vespasian hatte als führender General den Jüdischen Krieg im Jahre 66 begonnen. Von seinem Winterlager in Cäsarea Philippi aus setzte er seinen Zug auf Jerusalem an. Sein Sohn Titus besorgte den grausamen Schlussakt der Belagerung und Zerstörung der Stadt. Auf dem Titusbogen in Rom ist bis heute der Triumphzug des siegreichen Feldherrn zu sehen. Der siebenarmige Leuchter und der Vorhang des Tempels wurden als Beutegut präsentiert.

Markus hat die tiefe Krise der römischen Gemeinden miterlebt. Bricht jetzt nach 4 Jahrzehnten alles ab? Ist die Jesusbewegung am Ende? Solch bange Fragen standen im Raum. Der Verlassenheitsschrei Jesu am Kreuz „Mein Gott, mein Gott, warum hast du mich verlassen?" (Ps 22,1) ist auch der Schrei der bedrängten Gemeinde. Mit seinem Evangelium gibt Markus eine Antwort des Glaubens in schwerer Zeit. Er stellt sich der Herausforderung von Gottes scheinbarer Abwesenheit. Diese Situation der erlebten Gottesferne verbindet Markus mit unserer Zeit. Der Evangelist will trotz traumatischer Erfahrungen die Präsenz Gottes aufzeigen. Unmittelbar nach dem Tod Jesu schildert Markus, dass der Vorhang des Tempels zerreißt (Mk 15,37.38). Für einen gläubigen Juden wie Markus ist damit der Blick auf das Allerheiligste frei. Im Sinne seines Evangeliums ist das Christus am Kreuz. Der Gekreuzigte ist bis heute die Mitte unseres christlichen Glaubens. Es ist und bleibt eine Zumutung, gerade im Kreuzestod Jesu die Gegenwart Gottes zu sehen.

Jesus wird im Evangelium als Messias und Sohn Gottes eingeführt. In ihm handelt Gott. Die prophetische Gottesstimme (Mal 3,1; Ex 23,20) eröffnet die Geschichte Jesu (Mk 1,2.3). Staunenswert sind seine Machttaten in Galiläa. Als Heiler und Exorzist hat Jesus großen Zulauf, doch er provoziert die politisch und religiös tonangebenden Führer des Volkes, indem er Sabbat- und Reinheitsvorschriften durchbricht. Sein Wirkungsfeld erstreckt sich zwar bis ins Heidenland, doch er tritt als Prophet Israels auf, der das Gottesvolk neu sammeln und zur Umkehr führen will. Dazu schart er einen Kreis von wohl meist jungen Leuten um sich. Sein engster Kreis erkennt in ihm den ersehnten Messias.

Nach der ersten Phase des Zulaufs in Galiläa verzichtet Jesus auf spektakuläre Wunder und konzentriert sich auf die Belehrung seiner Jünger. Vom Norden des Landes, von der Gegend um Cäsarea Philippi aus, beginnt er seinen Weg nach Jerusalem. Dreimal kündigt er den Jüngern seine Passion und Auferstehung an, doch sie bleiben unverständig. Dabei ist es das Herzensanliegen Jesu – und des Markus –, Menschen in die Nachfolge zu führen und sie einzuweisen in den Glauben. Zwei Blindenheilungen rahmen den Mittelteil (Mk 8,22-26; 10,46-52). Das undeutliche Sehen des ungenannten Blinden und das klare Sehen des Bartimäus deuten an, dass der Glaube mit einer neuen Sicht der Wirklichkeit beginnt und sich in der Kreuzesnachfolge vollendet. Gott mutet es dem Glaubenden zu, im sterbenden Jesus den Gottessohn zu sehen, wie es der heidnische Hauptmann erkennt (Mk 15,39). Das Evangelium ermutigt zu dieser „Torheit des Glaubens" (1 Kor 1,18).

Dabei ist Kreuzesnachfolge für den Evangelisten nicht in erster Linie die Bereitschaft zum Martyrium, sondern er verbindet mit dem Weg Jesu zum Kreuz eine neue soziale Vision: Dienen statt

Herrschen! Das ist der Weg Jesu. Er ist nicht gekommen, „sich dienen zu lassen, sondern um zu dienen und sein Leben hinzugeben als Lösepreis für viele" (Mk 10,45). Mit dem Flavier Vespasian war zum ersten Mal ein Mann auf den römischen Kaiserthron gekommen, der nicht aus dem Hochadel, sondern aus der Ritterschaft stammte. Das hatte zur Folge, dass auch viele andere aufsteigen und „nach oben" kommen wollten. Wie der Kaiser trug Jesus den Gottessohntitel, doch er stand für eine „Karriere nach unten" (Heinz Schürmann). Jesus initiierte in einem patriarchalen, pyramidal strukturierten Machtstaat eine neue gesellschaftliche Vision des Miteinanders von Freien und Gleichen. Traditionelle patriarchale Muster wurden durchbrochen. Die innere Bindung an Jesus wurde zur Mitte der neuen Gemeinschaft. In diesem Sinn kann man das Markusevangelium als eine programmatische Kontrastgeschichte zum Aufstieg des flavischen Kaiserhauses und den damit verbundenen gesellschaftlichen Mustern lesen.

Das Christentum begann als innerjüdische Erneuerungs- und Friedensbewegung, von der eine Revolution herkömmlicher Werte ausging. Doch die egalitäre und machtkritische Dimension der Vision Jesu ging in der Geschichte des Christentums ein Stück weit verloren. Seit Konstantin wurde die christliche Religion benutzt, um Machtstrukturen zu stützen. Besonders heute, in der nachkonstantinischen Epoche, sind im Evangelium verborgene Schätze zu entdecken, die nie ganz verloren gingen. Das Christentum ist als gesellschaftliche Alternative zum antiken Macht- und Militärstaat groß geworden. Die drängenden Probleme unserer heutigen Welt sind durch die Corona-Krise in ein grelles Licht gerückt. Eine neue globale Solidarität, eine Abkehr vom materialistischen Fortschrittsmodell, eine gerechtere Weltordnung, Einsatz für die Armen und ein neuer Umgang mit der Schöpfung sind angesagt. Das verlangt Umkehr, wie sie Jesus von Anfang an einfordert (Mk 1,15). Seine Offenheit für Andersgläubige, seine Bereitschaft, von ihnen zu lernen, eröffnen weitere Perspektiven für heute, beispielsweise für den Umgang mit anderen Religionen, für den Dialog mit der säkularen Welt und mit den vielen suchenden Menschen (Mk 7,24-37).

Die ältesten Handschriften unseres Evangeliums enden abrupt und offen – ohne Erscheinungen des Auferstandenen. Das ist der ursprüngliche Markusschluss, dem später ein summarischer Auferstehungs- und Himmelfahrtsteil angehängt wurde. Dieser provozierende Schluss der Erstfassung ist umso überraschender, als die Auferstehungserfahrungen der ersten Zeuginnen und Zeugen zur Initialzündung für die neu einsetzende Jesusgeschichte wurden. Das abrupte Ende fordert die Leser heraus, selbst nach Erfahrungen von Auferstehung zu suchen. Aber Markus beschreibt die Gestalt und die Geschichte des vorösterlichen Jesus schon ganz im Licht der Auferstehung. Die Verheißung am Grab „Er geht euch voraus nach Galiläa; dort werdet ihr ihn sehen, wie er es euch gesagt hat" (Mk 16,7) lädt ein und fordert auf: Lest das Evangelium! Vertieft euch in das Leben und in die Gesinnung Jesu! Lernt von ihm das restlose Vertrauen, gerade in der Bedrängnis! Lebt sein alternatives Programm eines neuen Miteinanders! Was für die erste Generation der Jesusbewegung galt, das ist bis heute die pulsierende Mitte des Christentums: Sich von Christus rufen lassen, mit ihm und bei ihm sein, ihm nachfolgen. „Er machte die Zwölf", heißt es im Urtext (Mk 3,14). Christsein bedeutet, sich von ihm „machen" und senden zu lassen.

Markus schildert die ersten Apostel sehr realistisch. Sie bleiben in ihren alten Mustern und Vorstellungen hängen, sie versagen und stecken fest im Kleinglauben. Solchen Menschen ist Jesus treu. Das kann auch heute ermutigen, trotz Glaubensschwierigkeiten auf die bedingungslose Treue Gottes zu bauen. Sie ist der rote Faden durch die gesamte Bibel. Die Frohe Botschaft ist die Kunde vom immer größeren, vom treuen Gott, den Jesus seinen „Abba" nannte.

Das Markusevangelium ist eine innerjüdische Schrift. Es lebt von seinen inneren Bezügen zur jüdischen Bibel. Es ist eine Fortschreibung und Aktualisierung der Verheißungen, die an Israel ergangen sind. Der Jesus des Evangeliums steht in der allgemeinen Wahrnehmung seiner Landsleute in einer Reihe mit den großen Propheten. Seine Person ist von einer geheimnisvollen Aura umgeben. Sein enger Anhängerkreis sieht in ihm den Messias. Doch er durchbricht die traditionellen Messiaserwartungen (Mk 8,27-33).

Markus steht theologisch auf den Schultern von Petrus und Paulus, die beide in der Tradition der großen Propheten für ein universalisiertes Judentum eintraten. Bruchlinien zur jüdischen Religion zeigen sich bei Markus vor allem in Sabbat- und Reinheitsfragen. Doch solche rituellen Fragen wurden innerhalb des Judentums schon immer kontrovers diskutiert. Von „Christentum" kann im ersten Jahrhundert noch keine Rede sein. Die jüdische Verwurzelung des späteren Christentums wird heute nach den Katastrophen der Vergangenheit deutlicher gesehen. Die Neubesinnung auf die Inspiration des Ursprungs hat vermutlich ihre Zukunft noch vor sich. Durch die Fokussierung auf die provozierende Gestalt des jüdischen Messias müssten kulturelle und theologische Vereinnahmungen immer wieder aufgebrochen werden, um Christentum in neuer Weise universal zu denken und zu verkünden.

Matthäus und Lukas haben zwar die Grundstruktur des Markusevangeliums übernommen, doch haben beide Evangelisten zusätzlich eigene Akzente gesetzt. Matthäus profiliert in der Bergpredigt besonders die Ethik Jesu, die „neue Gerechtigkeit", die Ausdruck der neuen Gottesnähe ist (Mt, 5-7). Gleichzeitig betont er in den immer wiederkehrenden Erfüllungszitaten die Kontinuität zur jüdischen Bibel (siehe P. Karl Kern SJ, Das Alte neu sagen. Matthäus für heute, Straubing 2019). Lukas geht es darum, die Jesusgeschichte in der antiken Kultur und im universalgeschichtlichen Horizont zu verorten (siehe P. Karl Kern SJ, Jesus zuhören. Der Christ der Zukunft nach Lukas, Straubing 2018). Alle vier Evangelisten sehen in Jesus von Nazareth das Ziel und die Vollendung der jüdischen Heils- und Offenbarungsgeschichte. Alle sind sich dessen bewusst, dass kein Buch der Welt das Geheimnis dieses Menschen fassen könnte (Joh 21,25).

Die Evangelien tragen in sich den Impuls, dass sie in jeder Generation zu lebendigem Wort werden. Vorliegendes Buch ist aus freier Rede, aus Predigten in der Jesuitenkirche St. Michael in München entstanden. Bei aller Überarbeitung soll es den Redecharakter behalten. Predigen ist äußerlich ein Monolog, doch von der inneren Gestalt her ein Dialog, eine An-sprache, die auf eine Ant-wort hofft. In diesem Sinn wünsche ich mir, dass von diesem Buch Anstöße ausgehen, die heute zum Christsein inspirieren. Sein Titel spricht vom Glauben als Zumutung. In „Zumutung" steckt das Wort „Mut". Gott traut uns diesen Mut zu! Die gesprochene Rede wurde zum Buch, um Leserinnen und Leser zum Wagnis des Glaubens zu ermutigen.

Ich danke allen, die mitgeholfen haben, die Predigten aufzuzeichnen und zu tippen, die Texte gegenzulesen und zu korrigieren. Ich danke den Leserinnen und Lesern der beiden Vorgängerbände, die mich animiert haben, nach dem Lukas- und Matthäusbuch auch das Evangelium nach Markus für heute zu erschließen. Ich danke Herrn Professor Ernst Arnold Bauer, der wieder einfühlsam und kundig einige Szenen in sprechende Bilder übersetzt hat. Möge auch diese visuelle Botschaft zum tieferen Verständnis des ältesten Evangeliums und zur persönlichen Aneignung beitragen.

München, Herbst 2020

Karl Kern SJ
Kirchenrektor von St. Michael

VERHEISSUNGSVOLLER ANFANG – ABRUPTES ENDE

Mk 1, 1-8 2. Advent

Anfang des Evangeliums von Jesus Christus, Gottes Sohn. Wie geschrieben steht beim Propheten Jesaja: „Siehe, ich sende meinen Boten vor dir her, der deinen Weg bahnen wird." Stimme eines Rufers in der Wüste: „Bereitet den Weg des Herrn! Macht gerade seine Straßen!" So trat Johannes der Täufer in der Wüste auf und verkündete eine Taufe der Umkehr zur Vergebung der Sünden. Ganz Judäa und alle Einwohner Jerusalems zogen zu ihm hinaus; sie bekannten ihre Sünden und ließen sich im Jordan von ihm taufen. Johannes trug ein Gewand aus Kamelhaaren und einen ledernen Gürtel um seine Hüften und er lebte von Heuschrecken und wildem Honig. Er verkündete: Nach mir kommt einer, der ist stärker als ich; ich bin es nicht wert, mich zu bücken und ihm die Riemen der Sandalen zu lösen. Ich habe euch mit Wasser getauft, er aber wird euch mit dem Heiligen Geist taufen.

Erzähl-Anfänge oder Titel eines literarischen Werkes haben es in sich. Sie sind Vorausverweis auf das Ganze. Sie gleichen einem Ball, der im hohen Bogen über das ganze Werk fliegt. Deshalb empfiehlt es sich, den Anfang und den Ausgang eines Werkes in Beziehung zu setzen und zu vergleichen. Wo und wie landet der Ball? Das möchte ich jetzt mit dem Markusevangelium tun.

Aber zunächst eine Vorbemerkung: Literarische Texte sind Teil einer lebendigen Kommunikation. Wenn man nur am Text klebt, kann man ihn nicht interpretieren. Es gilt zu bedenken: Auf welche Fragen, welche Nöte, auf welche Erfahrungen ist dieser Text eine

Antwort? Das Markusevangelium wurde um das Jahr 70/71 für die Gemeinden in Rom geschrieben. Im Jahr 64 ließ Kaiser Nero, so sagt man, die Stadt in Brand stecken und schob es den Christen in die Schuhe. Petrus und Paulus starben als Märtyrer. Tacitus berichtet, dass viele Gemeindemitglieder von den eigenen Leuten verraten und ausgeliefert wurden. Es war eine furchtbare Krise! Im Jahr 66 begann der Jüdische Krieg. Der führende General Vespasian bezieht im Norden bei Cäsarea Philippi sein Winterlager und zieht nach Süden. Den letzten Teil des Kriegszugs überlässt er seinem Sohn Titus. Er selbst muss den Legaten von Syrien und Ägypten für sich gewinnen, denn nach Neros Tod hat es Wirren gegeben. Das Jahr 68/69 war in Rom ein Vier-Kaiser-Jahr. Vespasian wird von den Truppen des Ostens als Kaiser ausgerufen. Zum ersten Mal wurde in Rom einer Kaiser, der nicht aus dem Hochadel stammte, sondern aus dem Ritterstand. Titus beendete derweil den jüdischen Feldzug mit der Zerstörung Jerusalems im Jahre 70. Soweit der historische Hintergrund. Markus will mit seinem Evangelium auf diese herausfordernde Situation reagieren.

Schauen wir uns die ersten Worte genauer an! Sie sind eine Art Überschrift. *„Anfang"*, da hören jüdische Ohren die ersten beiden Wörter aus dem Buch Genesis „Im Anfang". „Anfang" meint also nicht nur einen Anfangspunkt, sondern ein durchgängiges Prinzip. Es handelt sich um einen grundlegenden, bleibenden Neuanfang von Gottes schöpferischem Handeln. „Anfang des *Evangeliums*", das weckt bei einem Juden die Erinnerung an die Freudenbotin bei Jesaja, die eine Zeitenwende ankündigt (vgl. Jes 40,9). „Euangelion", „Gute Nachricht", das sind in der reichsrömischen Welt persönliche frohe Mitteilungen, zum Beispiel die Geburt eines Kindes. Im öffentlichen Bereich ist es eine freudige Nachricht aus dem Kaiserhaus, die dem ganzen Weltreich gilt. So ging im Jahr 69 die

Nachricht um die damalige Welt: Vespasian ist Kaiser. Die „Gute Nachricht" des Markus überbietet dieses politische Geschehen. Der Schöpfer selbst führt jetzt eine neue Freudenzeit herauf.

„Anfang der Frohbotschaft von *Jesus Christus*…". Ein jüdischer Name aus einem entlegenen Winkel des Reiches, der mit einem hoch aufgeladenen Titel, „Christus" – hebräisch „Messias", verbunden ist. Der Messias, der „Gesalbte", ist Inbegriff jüdischer Hoffnung auf Befreiung. Danach folgt noch *„Sohn Gottes"* als weiterer Titel. Als „Sohn" versteht sich in der jüdischen Tradition das ganze Volk Israel wegen seiner einzigartigen Gottesnähe. Im Rom des ausgehenden 1. Jahrhunderts wird der Kaiser zum Sohn Gottes erklärt und trägt von da an diesen Titel. Der Anfang des Markusevangeliums, so der Eindruck beim genauen Hinschauen, ist äußerst verheißungsvoll, politisch aufgeladen, doch viel umfassender als es Politik je sein kann.

Werfen wir jetzt einen Blick auf das Ende der Erzählung: Frauen kommen zum Grab und finden den Leichnam nicht. Ein weißgewandeter Jüngling sagt ihnen, Jesus sei auferstanden und gehe ihnen nach Galiläa voraus. Die Frauen flüchten voller Schrecken und schweigen (vgl. Mk 16,1-8). Das Evangelium endet mit einem abrupten, offenen Schluss. Keine Erscheinung des Auferstandenen! Nur die Botschaft von der Auferstehung steht im Raum. Die Provokation dieser Schlussszene liegt darin, dass nach dem großen Wurf des Anfangs die ganze Jesusgeschichte abzubrechen scheint.

Das war offenbar die bedrängende Situation der römischen Gemeinde. Mit dem abrupten Ende stellte sich Markus der bangen Frage: Kann es nach der furchtbaren Verfolgung im Jahr 64 und der Verwüstung der Heiligen Stadt im Jahr 70 überhaupt noch weitergehen? Droht der Abbruch? Ist die Jesusbewegung am Ende? „Mein Gott, mein Gott, warum hast Du mich verlassen?" (Mk 15,34). Die letzten Worte Jesu vor dem Sterben sind auch der Schrei aus dem Herzen der bedrängten Gemeinde. Das Evangelium ist die Antwort des Markus auf die Not der Gemeinde, die mit der scheinbaren Verborgenheit Gottes zurechtkommen muss.

Das Markusevangelium besteht aus drei großen Teilen: am Anfang das Wirken Jesu in Galiläa mit vielen Wundern, dann der zentrale Mittelteil mit dem Weg von Cäsarea Philippi nach Süden, nach Jerusalem; schließlich die Passion in der Heiligen Stadt, die 40 Jahre nach dem Tod Jesu dem Erdboden gleichgemacht wurde und von Gekreuzigten umsäumt war. Der zentrale Mittelteil wird gerahmt von zwei Blindenheilungen. Die erste Heilung ist ein Schritt von der Blindheit zu undeutlichem Sehen. Der Blinde bei Betsaida sieht Menschen noch wie Bäume (vgl. Mk 8,22-26). Man darf das als Symbol für die Jüngerbelehrung deuten, die sich durch den Mittelteil wie ein roter Faden zieht. Dreimal sagt Jesus sein Leiden voraus und die Jünger können es nie wirklich verstehen. Sie bleiben im undeutlichen Sehen stecken. Auch die Frauen am Grab fliehen kopflos, obwohl sie Jesus viel länger die Treue gehalten haben als die männlichen Anhänger. Petrus bekennt zwar: „Du bist der Christus!" (Mk 8,29) und meint, damit ins Schwarze getroffen zu haben. Doch Jesus muss ihn belehren, es geht nach Jerusalem, auf den Kreuzestod zu. Diese Messiasvorstellung durchbricht alle Erwartungen des Petrus. Auch die anderen Jünger verstehen es nicht – bis zum Ende. Kurz vor Jerusalem rahmt eine zweite Blindenheilung den Mittelteil. In Jericho sitzt der blinde Bartimäus am Weg und schreit: „Sohn Davids, Jesus, erbarme Dich meiner!" (Mk 10,46-52). Er wird sehend und folgt Jesus auf dem Weg nach Jerusalem. Das bedeutet klares Sehen: den Weg Jesu mitgehen, notfalls bis zum Kreuz.

Worum geht es diesem Evangelisten? Markus will seine Gemeinde zu einer tieferen Wahrnehmung führen. Er schildert selbst die Apostel und die ersten Jüngerinnen als Menschen, die den Kreuzweg Jesu und den Weg der Nachfolge nicht verstehen: Das ist die Situation des Glaubens in Anfechtung, Bedrängnis und Not. Die Glaubenden sind auf sich selbst zurückgeworfen und sehen nur das Dunkel der Verborgenheit Gottes. Der provozierende Schluss soll die Gemeinde zum tieferen Blick auf das Geschick Jesu führen. Der Gekreuzigte schreit gerade in seiner Todesnot nach Gott. Jesus bleibt in der Ausrichtung auf das Du Gottes. Gerade so zeigt er sich für die Gemeinde als der wahre Gottessohn. Auf ihn sollten die bedrängten Christen schauen.

Markus redigiert sein Evangelium in der Umbruchsituation des Römischen Reiches im Jahr 70. Die politische Situation sieht er sehr klar: „Ihr wisst, dass die, die als Herrscher gelten, ihre Völker unterdrücken und ihre Großen ihre Macht gegen sie gebrauchen. Bei euch aber soll es nicht so sein, sondern wer bei euch groß sein will, der soll euer Diener sein, und wer bei euch der Erste sein will, soll der Sklave aller sein" (Mk 10,42-44). In der Nachfolgegemeinschaft geht es nicht ums Herrschen, sondern ums Dienen. Markus entwickelt hier ein Gegenkonzept für eine alternative Gemeinschaft. Dadurch, dass Vespasian aus dem Ritterstand zum Kaiser aufgestiegen war, nahm er viele mit, die in den Staatsdienst eintraten. Es war eine Aufsteigerzeit. Hier aber wird gesagt: Die „Karriere" des wahren Gottessohnes geht nach unten. Bemüht euch deshalb, zu sehen und zu hören, worauf es wirklich ankommt! Nehmt den Weg Jesu nach Jerusalem als messianischen Siegeszug wahr! Durch zwei Blindenheilungen rahmt Markus den Weg Jesu zur Passion, in den der Meister seine Jünger einweisen will. Der Evangelist sagt damit: Den schweren Weg Jesu zu verstehen und ihm nachzufolgen, ist ein Wunder. Da müssen wir uns zwar mit allen Kräften bemühen, notfalls schreien wie Bartimäus, doch der Glaube ist letztlich Gnade. Jesus selbst muss uns die Augen öffnen und die Kraft geben, ihm nachzufolgen.

„Was ist das Schwerste von allem? Was dir das Leichteste dünket":, so Goethe in den Xenien aus dem Nachlass, „Mit den Augen zu seh'n, was vor den Augen dir lieget." Darum geht es. Das ist der Glaubensakt. Glaube will die wahre, die tiefere Wirklichkeit aufschlüsseln, aufbrechen und dadurch einen neuen, einen größeren, weiteren Horizont eröffnen. Den reißt Markus mit seiner Überschrift vom Messias und Gottessohn und durch die ersten Worte des Evangeliums auf. Gott selbst kündet nämlich vom Himmel her: „Siehe, ich sende meinen Boten vor dir her" (Mk 1,2). Der Evangelist appelliert an seine Gemeinde und damit an uns: Hört auf diesen Boten! Schaut auf die Gestalt dieses Messias! Geht nach „Galiläa"! Das heißt für die Leser des Evangeliums: Vertieft euch in das, was Jesus dort getan hat! Lasst seine geheimnisvolle Person auf euch wirken! Nähert euch ihm als dem Auferstandenen, dessen Gegenwart ihr im Herrenmahl feiert! Lest immer wieder das Evangelium und begreift etwas von der großen Vision des Dienens!

Deshalb gilt für Christen bis heute: Jesus, das verborgene göttliche Wasserzeichen für jeden Menschen, für den ganzen Kosmos, immer wieder zu betrachten! Dazu brauchen wir offene, empfängliche Augen, um inmitten einer katastrophischen Geschichte die wahre Wirklichkeit zu erkennen. Sagen wir es mit Goethe noch einmal poetisch: „Nun ergreifet ohne Säumnis heilig-öffentlich Geheimnis!"

TAUFE AUF DEN TOD

Mk 1, 7-11 Taufe des Herrn

Johannes verkündete: Nach mir kommt einer, der ist stärker als ich; ich bin es nicht wert, mich zu bücken und ihm die Riemen der Sandalen zu lösen. Ich habe euch mit Wasser getauft, er aber wird euch mit dem Heiligen Geist taufen.
Und es geschah in jenen Tagen, da kam Jesus aus Nazaret in Galiläa und ließ sich von Johannes im Jordan taufen. Und sogleich, als er aus dem Wasser stieg, sah er, dass der Himmel aufriss und der Geist wie eine Taube auf ihn herabkam. Und eine Stimme aus dem Himmel sprach: Du bist mein geliebter Sohn, an dir habe ich Wohlgefallen gefunden.

Nehmen wir an, Sie haben einen Krimi gelesen, der Sie bis zur letzten Zeile gefesselt hat. Besonders fasziniert hat Sie, dass Sie bis zum Schluss auf einen anderen als Mörder getippt hatten. Daraufhin sagen Sie sich: Den lese ich jetzt noch einmal mit dem Wissen ums Ende. Die Zweitlektüre wird sich deutlich von der Erstlektüre unterscheiden. Sie werden Hinweise entdecken, die der Autor eingestreut hatte und die Sie vorher übersehen hatten.

Ich möchte einmal diesen Leseeffekt der Erstleser-Lenkung und einer zweiten Lektüre vom Ende her auf unsere heutige Szene übertragen: Der Anfang des Evangeliums ist äußerst verheißungsvoll: „Anfang des Evangeliums von Jesus Christus, Gottes Sohn." Höher geht's eigentlich nicht. Dann folgt die nach Jesaja zitierte Stimme Gottes: „Siehe, ich sende meinen Boten vor dir her…". Gottes Geschichte rollt jetzt ab: Der Bote tritt auf und kündigt einen Stärkeren an. Der Stärkere erscheint. Nach seiner Taufe öffnet sich über ihm der Himmel und er wird als der Sohn Gottes bestätigt.

Am Ende stirbt er mit einem wortlosen Schrei, nachdem er vorher gerufen hatte: „Mein Gott, mein Gott, warum hast Du mich verlassen?" (Mk 15,34). Das ist, verglichen mit dem verheißungsvollen Anfang, völlig unerwartet, geradezu schockierend.

Schauen wir die ersten Worte des Täufers genauer an: Er kündigt einen Stärkeren an und sagt: „Ich bin es nicht wert, mich zu bücken und ihm die Riemen der Sandalen zu lösen" (Mk 1,7). Über den Unterschenkel geschnürte Sandalen durften damals nur hochgestellte Persönlichkeiten tragen, in Rom zum Beispiel die Senatoren. Da kommt der Angekündigte – von geschnürten Sandalen keine Spur. Er wird unerkannt getauft. Der Täufer bekommt nach der Logik des Textes gar nicht mit, dass der Stärkere vor ihm steht. Eigentlich hätte Johannes ähnlich reagieren müssen, wie es Matthäus erzählt: „Ich müsste von dir getauft werden und du kommst zu mir?" (Mt 3,14). Zum unerkannten Jesus bei Markus hingegen passt auch das plötzliche Aufreißen des Himmels und die Stimme von oben: „Du bist mein geliebter Sohn, an dir habe ich Wohlgefallen gefunden." Diese Vision und Audition nimmt nur Jesus wahr. An ihn ist das „Du" gerichtet, nicht an die Öffentlichkeit, nicht einmal an Johannes. Der Leser nimmt daran teil. Auf der internen Textebene reiht sich der Messias unerkannt und demütig unter die Sünder ein.

Und weiter: Die Worte der Stimme von oben sind ein Mischzitat. Psalm 2 besingt den messianischen König. Da heißt es: „Mein Sohn bist du. Ich selber habe dich heute gezeugt" (Ps 2,7). Hier wird der messianische König Kraft göttlicher Autorität eingesetzt. Markus hat das „Du" vorangestellt: „Du bist mein geliebter Sohn." Jesus wird ganz persönlich angesprochen. Den zweiten Satz „Ich selber habe dich heute gezeugt" hat Markus weggelassen. Stattdessen eine Formel, die auf den Gottesknecht verweist, der bei Jesaja in vier Liedern besungen wird: „An dir habe ich Gefallen gefunden." Das bedeutet: Dieser Sohn ist der Gottesknecht. Er ist in seiner Person der Inbegriff des Bundes mit dem auserwählten Volk. Gleichzeitig ist er „Licht der Nationen" (Jes 42,6). Vor allem wird er einer sein, der leidet, der geschunden und hingerichtet wird. Diese Linie des Leidensknechtes wird noch einmal verstärkt durch den Zusatz: „Du bist mein geliebter Sohn." Hier erklingt ein Signalwort für Menschen, die ihre hebräische Bibel kannten. Es taucht in der berühmten Abraham-Isaak-Szene auf (vgl. Gen 22,2). Jesus übernimmt gleichsam die Opferrolle des Isaak, des einzig geliebten Sohnes. Merken Sie, wie die Zweitlektüre den Blick auf die Taufe Jesu verändert und sein Todesgeschick schon andeutet? Die Leser finden diese Vorausverweise durch den weiteren Verlauf der Jesusgeschichte im Evangelium bestätigt.

Das Markusevangelium besteht aus drei großen Teilen: In Galiläa wirkt Jesus Wunder, er sammelt die Jünger um sich, die Massen strömen ihm zu. Der zentrale Mittelteil behandelt den Weg Jesu nach Jerusalem. Er belehrt seine Jünger und stimmt sie auf seine Passion ein, doch sie bleiben unverständig. Dann folgt der dritte Teil, die Passion in Jerusalem. Bevor Jesus seinen Weg dorthin beginnt, gibt Markus ein zentrales Gespräch wieder. Die beiden Zebedäussöhne wollen auf dem höchsten Treppchen neben Jesus stehen. Der Meister rückt ihr Ansinnen zurecht: Das, was er bringe, sei ein Gegenmodell zu dem, wie es in der Welt zugeht. „Die, die als Herrscher gelten", also die mit den geschnürten Sandalen, „unterdrücken ihre Völker." „Bei euch aber soll es nicht so sein, sondern wer bei euch groß sein will, der soll euer Diener sein" (Mk 10,42f). Jesus hatte vorher den beiden eröffnet: Ich muss die „Todestaufe" auf mich nehmen. Könnt ihr, die ihr oben stehen wollt, euch diesem Geschick auch unterziehen (vgl. Mk 10,38)? Das ist eine leidvolle „Karriere nach unten". Das wunderbare Sich-Öffnen des Himmels wandelt sich neun Kapitel später zur Todesvision Jesu, zu seiner Hingabe bis zum Letzten. Das ist die Leser-Lenkung des Markus: Der unerkannte Messias, der aus dem Bewusstsein lebte, der geliebte Sohn zu sein, geht den Weg nach Jerusalem ans Kreuz. Er kann diesen schweren Weg als Willen des Vaters annehmen.

Beim zweiten Lesen fällt noch etwas auf: Der Täufer kündigt eine Geisttaufe an, die auf seine Wassertaufe folgen wird. Im ganzen Markusevangelium ist jedoch nie mehr von einer Geisttaufe die Rede. Was ist dann mit der Geisttaufe gemeint? Der rote Faden durch das Evangelium heißt Nachfolge. Im zentralen Mittelteil versucht Jesus, die unverständigen Jünger dreimal darauf hinzuweisen, worauf seine Sendung hinausläuft. Sie können es nie verstehen. Dazu müsste man sehend werden. Deshalb die Rahmung des Mittelteils im Evangelium durch zwei Blindenheilungen. Wer Jesus mit offenen Augen nachfolgt, ist hineingenommen in sein Gottesverhältnis. Er hat Anteil am Geist Gottes. Nachfolge und Jüngerschaft zu leben, heißt demnach, getauft zu sein wie Jesus selbst.

Ungewöhnlich ist bei Wunderheilungen, dass der Name des Geheilten genannt wird. Der blinde Bartimäus in Jericho bildet die große Ausnahme (vgl. Mk 10,46-52). Der Evangelist will offenbar andeuten: Geisttaufe heißt, Nachfolge lernen durch ein neues Sehen. Das geschieht nach und nach, zunächst nur in Umrissen wie bei der ersten Blindenheilung zu Beginn des Weges nach Jerusalem. Der Mann bei Betsaida, der stufenweise das Sehen lernt und erst einmal Menschen wie Bäume sieht, ist ein Symbol für den Lernprozess der Jünger (vgl. Mk 8,22-26). In Bartimäus wird dem

Leser ein idealer Jünger vor Augen geführt. Er folgt Jesus auf dem Weg hinauf nach Jerusalem. Deshalb wird sein Name festgehalten.

Wir wurden vermutlich alle als Kinder mit Wasser getauft. Die Geisttaufe ist ein lebenslanger Prozess, in dem wir hoffentlich ab und zu erleben: Der Himmel öffnet sich, wir fühlen uns hineingenommen in die Gemeinschaft mit Gott selbst, wir sind von IHM erwählt. Im Geheimnis Gottes wohnen ist das innere Wesen erleuchteten Glaubens. Aus dem Tiefenwissen heraus, geliebte Tochter und geliebter Sohn Gottes zu sein, den Weg des Dienens zu gehen, das ist Glaube im Alltag. Wenn es hart auf hart kommt, muss man im Glauben auch den Weg des Konflikts, des Leidens, den Weg ins Dunkel wagen. Das ist der Ernstfall des Glaubens. Lassen wir uns sagen: Dieser Messias auf dem Weg nach Jerusalem will auch uns erleuchten und befähigen, den Weg der Nachfolge zu gehen und so unsere Taufgnade mehr und mehr zu entfalten.

GLAUBE AUF DER KIPPE

Mk 1, 14-20 3. Sonntag

Nachdem Johannes ausgeliefert worden war, ging Jesus nach Galiläa; er verkündete das Evangelium Gottes und sprach: Die Zeit ist erfüllt, das Reich Gottes ist nahe. Kehrt um und glaubt an das Evangelium!
Als Jesus am See von Galiläa entlangging, sah er Simon und Andreas, den Bruder des Simon, die auf dem See ihre Netze auswarfen; sie waren nämlich Fischer. Da sagte er zu ihnen: Kommt her, mir nach! Ich werde euch zu Menschenfischern machen. Und sogleich ließen sie ihre Netze liegen und folgten ihm nach. Als er ein Stück weiterging, sah er Jakobus, den Sohn des Zebedäus, und seinen Bruder Johannes; sie waren im Boot und richteten ihre Netze her. Sogleich rief er sie und sie ließen ihren Vater Zebedäus mit seinen Tagelöhnern im Boot zurück und folgten Jesus nach.

Was wir gehört haben, war der Anfang des öffentlichen Auftretens Jesu. Der erste Satz handelt von der erfüllten Zeit, von der greifbaren Nähe des Gottesreiches, von der Umkehr und vom Glauben an das Evangelium. Die Anfangsworte Jesu durchziehen und prägen sein gesamtes Wirken. Auch die Berufungsszenen haben programmatischen Charakter. Da kommt einer mit magnetischer Kraft und zieht diese wohl meist jungen Männer an sich. Man bedenke, sie werden aus dem Berufs- und Familienverband herausgelöst. Das ist etwas Unerhörtes! Jesus ruft ihnen zu: „Auf! hinter mich!" – so wörtlich im Urtext. Diese unbändige Kraft, die von Jesus ausgeht, wird im Folgenden geschildert: Die Dämonen weichen, die Massen strömen ihm zu. Als der Zulauf immer größer wird, setzt er zwölf Männer ein. Souverän erklärt er mit dem Symbol der Zahl zwölf seinen Anspruch auf das ganze Zwölf-Stämme-Volk Israel. Die Apostel sollen als neue Stammväter seine Vision aufgreifen und weiterführen: Dämonen austreiben und das Reich Gottes verkünden.

Man erwartet, dass dieser Aufschwung jetzt weitergeht. Doch das Gegenteil geschieht: Die Widerstandskräfte von außen wachsen. Die Massen ziehen sich zurück. Jesus konzentriert sich im zweiten Teil des Evangeliums auf die Unterweisung seiner Jünger, die ihn nicht wirklich verstehen. Am Ende verraten sie ihn und machen sich aus dem Staub. Ein gewaltiger Absturz! Am Ende, unter dem Kreuz, bleiben wenigstens einige seiner treuen Jüngerinnen. Von ihnen wird gesagt, sie seien ihm von Galiläa an gefolgt. Sie sind auch die ersten, die ans Grab kommen, um seinen Leichnam zu salben. Aber sie suchen den Toten vergeblich. Ein weißgewandeter Jüngling sagt ihnen: Jesus, den ihr sucht, ist nicht hier. „Er ist auferstanden" (Mk 16,6). Die Frauen fliehen entsetzt vom Grab. Der letzte Satz im ursprünglichen Markusschluss lautet: „Sie sagten niemandem etwas davon, denn sie fürchteten sich sehr" (Mk 16,8). Ein provozierender, offener Schluss: Schrecken, panische Flucht, Angst.

Mit diesem verheißungsvollen Anfang und dem abrupten Schluss kommt mir das Markusevangelium manchmal wie ein Kippbild vor. Ich erinnere mich an eine Zeichnung, auf der die Umrisse einer jugendlich-schönen Frau zu sehen waren. Wendet man das Blatt etwas zur Seite, dann erscheint auf einmal eine hässliche alte Hexe. So auch hier: Da geht einer am Ufer des Sees von Gennesareth entlang. Eine magische Kraft geht von ihm aus. Er zieht die jungen Männer in seinen Bann. Am Ende kippt das Bild: ein Gekreuzigter, in aller Eile begraben, der Leichnam spurlos verschwunden und dann dieser weißgewandete Jüngling. Das ist schaudererregend und treibt die erschreckten Frauen in die Flucht.

Das Markusevangelium ist Glaubensverkündigung, hineingeschrieben in eine Situation, in der der Glaube der Gemeinde auf der Kippe stand. Nach alter Tradition war Markus der Begleiter und Interpret des Petrus und schrieb sein Evangelium für die römische Gemeinde. Vermutlich hat er das Martyrium des Petrus im Jahr 64 hautnah miterlebt. Er hat mit ansehen müssen, wie die römische Gemeinde in der neronischen Verfolgung zersprengt und dezimiert wurde. Zwei Jahre später der nächste Tiefschlag: Der Jüdische Krieg beginnt und nach vier Jahren wird Jerusalem mit seinem heiligen Tempel von Titus, dem Sohn des Kaisers, zerstört. Ein Wald von Kreuzen umsäumte die Stadt. Vielleicht hat Markus auch den Triumphzug des siegreichen Feldherrn in Rom mit ansehen müssen, wie man ihn noch heute auf dem Titusbogen vor Augen hat. Der siebenarmige Leuchter aus dem Heiligtum der grölenden, jubelnden Menge als Trophäe präsentiert! Das muss dem Judenchristen Markus und den Gemeindemitgliedern einen tiefen Schock versetzt haben. Der Glaube an den Gott Israels und die Jesusbewegung, die diesem Glauben neuen messianischen Schwung gegeben hatten, standen auf der Kippe. Die Gefahr des völligen Abbruchs drohte.

Ich denke, viele hier im Raum könnten von traumatischen Tiefschlägen in ihrem Leben erzählen, die ihrem Glauben fast den Boden entzogen hätten. Bei schweren Schicksalsschlägen, bei physischer oder psychischer Krankheit, bei einem zu frühen Tod oder wenn man verlassen oder tief enttäuscht wird, wenn sinnloses Leid einschlägt – steht das Gottvertrauen auf der Kippe.

In einer Stationen-Sendung des Bayerischen Fernsehens wurde das Buch eines ehemaligen leitenden Kommissars der Mord-Kommission München vorgestellt. Zwei Sätze haben sich mir eingeprägt. Er sagte mit seiner Erfahrung von Jahrzehnten: „Jeder kann zum Mörder werden." In jedem Menschen steckt also ein potentieller Verbrecher. Der zweite Satz: „Wenn ich einmal Gott begegnen sollte im Jenseits, werde ich ihn fragen: Warum machst du es uns so schwer, an dich zu glauben?" Ja, der Glaube ist oft eine Zumutung, besonders wenn im Leben furchtbare Einbrüche alles zum Kippen bringen. Machen wir uns nichts vor! Die Frage ist: Wie können wir trotzdem glauben und dem Leben trauen?

Werfen wir einen kurzen Blick auf die Lesung (1 Kor 7,29-31). Paulus sagt nicht, wie meist übersetzt wird, „die Zeit ist kurz" (1 Kor 7,29). Ich lese in einer vermutlich treffenderen Übersetzung: „Die Gefahr liegt auf der Lauer." Es ist hier nicht vom Ende der Welt die Rede. Gemeint ist vielmehr, dass die Gefahr im Leben immer auf dem Sprung ist und die Gelegenheit nicht auf sich warten lässt. Zwei Verse weiter heißt es auch nicht „Die Gestalt dieser Welt vergeht" (1 Kor 7,31), sondern: „Die Gestalt, die Mechanismen dieser Welt, vereinnahmen." Wir sind wie zerteilt und zerrissen im Vielerlei der Welt. Das ist die große Gefahr. Da rät uns Paulus, der im siebten Kapitel des Ersten Korintherbriefs die Themen Ehe und Ehelosigkeit behandelt: Bei allem, was du tust und lebst, lebe mit einem gewissen inneren Abstand. So leben, als ob man keine Frau hätte, heißt nicht, die eigene Frau nicht beachten oder wertschätzen. Paulus liegt daran, seiner Gemeinde und damit uns klarzumachen, dass wir uns gegenüber allem in der Welt eine heilsame Distanz bewahren sollten. Die Gottesbeziehung ist das tragende Fundament und der bleibende Fixpunkt unseres Lebens. Deshalb appelliert der Apostel: Bleibt dran am lebendigen Dialog mit Gott, bleibt dran an eurem Ruf! Der Ruf des Herrn an jeden persönlich ist das Wichtigste im Leben!

Genau das wird in der programmatischen Anfangsszene am See dargestellt. Der Ruf an die zwei Brüderpaare wird nicht von der inneren Entwicklung her psychologisch geschildert. Da gingen sicher Schritte der Annäherung und Reifung voraus, die in der Erzählung ausgespart bleiben. Markus bringt knapp und treffend ins Bild: Der Ruf Jesu, der diese Männer aus Familie und Beruf herausgelöst hat, ist das alles Entscheidende. Als Petrus seinen Meister vom Weg nach Jerusalem abbringen will, weist ihn Jesus scharf zurecht und erneuert gleichzeitig den ersten Ruf am See von Galiläa: „Tritt hinter mich, Satan!" (Mk 8,33). Jesus nimmt die Seinen so an, wie sie sind, auch wenn sie unverständig und kleingläubig sind. Das ist die wahrhaft Frohe Botschaft von der Treue Gottes, die sich durch die ganze Bibel zieht.

Am Ende seines Evangeliums steigert Markus noch einmal die Spannung und Zumutung des Glaubens. Jesus, der glaubensstarke Held, der seinen Jüngern nach Jerusalem vorausgeht, gerät selbst in die Zerreißprobe. Sein Verlassenheitsschrei am Kreuz ist für Markus der Angelpunkt des ganzen Evangeliums. Ungemein drastisch wird vor Augen geführt: Hier geht einer im restlosen und dunklen Vertrauen seinen Weg mit Gott. Dazu will der Evangelist einladen, denn es ist die Situation seiner Gemeinde. Deshalb dieser abrupte, offene Schluss.

Die Botschaft „Er ist auferstanden" muss genügen! Die Erscheinung des Auferstandenen in Galiläa, die der Engel am Grab angekündigt hatte, findet im Text nicht statt. Markus fordert seine Gemeinde auf: Vertieft euch in die Anfänge des Evangeliums in Galiläa! Nähert euch der Gestalt Jesu durch das Betrachten des ganzen Weges Jesu! Fangt neu mit ihm an und lasst euch ermutigen, ihm auf dem Weg nach Jerusalem zu folgen! Auf diese Weise wandeln sich die Berufungsszenen zu Auferstehungsszenen. Immer neu den Ruf Jesu hören und sich ihm vertrauensvoll ausliefern, heißt, als Auferstandene zu leben. So war es damals in der Gemeinde des Markus, als der Glaube auf der Kippe stand, und so ist auch heute für jede und jeden von uns.

CHRISTSEIN NACH JESU VORBILD

Mk 1, 29-39 5. Sonntag

Jesus ging zusammen mit Jakobus und Johannes in das Haus des Simon und Andreas. Die Schwiegermutter des Simon lag mit Fieber im Bett. Sie sprachen sogleich mit Jesus über sie und er ging zu ihr, fasste sie an der Hand und richtete sie auf. Da wich das Fieber von ihr und sie diente ihnen.
Am Abend, als die Sonne untergegangen war, brachte man alle Kranken und Besessenen zu Jesus. Die ganze Stadt war vor der Haustür versammelt und er heilte viele, die an allen möglichen Krankheiten litten, und trieb viele Dämonen aus. Und er verbot den Dämonen zu sagen, dass sie wussten, wer er war.
In aller Frühe, als es noch dunkel war, stand er auf und ging an einen einsamen Ort, um zu beten. Simon und seine Begleiter eilten ihm nach, und als sie ihn fanden, sagten sie zu ihm: Alle suchen dich. Er antwortete: Lasst uns anderswohin gehen, in die benachbarten Dörfer, damit ich auch dort verkünde; denn dazu bin ich gekommen. Und er zog durch ganz Galiläa, verkündete in ihren Synagogen und trieb die Dämonen aus.

Das Markusevangelium ist vermutlich die Antwort auf zwei traumatische Erfahrungen: Einmal die neronische Verfolgung im Jahre 64, welche die römische Gemeinde hart traf; dann ab dem Jahre 66 der Jüdische Krieg, dessen grausiger Abschluss die Zerstörung Jerusalems war. Die Heilige Stadt in Schutt und Asche, der Tempel, für gläubige Juden der Mittelpunkt der Welt, geschändet. Markus und seine Gemeinde sahen sich als Teil der jüdischen Glaubensgemeinschaft. Die beiden Katastrophen waren ein tiefer Schock.

Sie fühlten sich an wie das Ende der Welt, vergleichbar vielleicht mit der Stunde null 1945 in Deutschland. War es mit allem vorbei? Konnte es überhaupt noch weitergehen? Der Verlassenheitsschrei Jesu am Kreuz und die panische Flucht der Frauen vom Grab sind Ausdruck für die damalige Situation der Gemeinde, die sich darin wiedererkannte. War die Jesusbewegung dem Untergang geweiht? Der Glaube stand am Rande des Abbruchs.

Markus setzte mit seinem Evangelium ein Zeichen, dass es weitergehen kann. Als gläubiger Jude wusste er aus der Tradition seines Volkes, wie man katastrophische Erfahrungen in der Geschichte aus dem Glauben bewältigen und daran wachsen kann. Markus hatte eine Pionierleistung vollbracht. Als erster hat er eine Erzählung geschaffen, eine Verkündigungsschrift, die das gesamte öffentliche Leben Jesu umfasste. Markus, der älteste Evangelist, hat die Gattung „Evangelium" kreiert, und zwar zu einem Zeitpunkt, als die erste Generation der Zeuginnen und Zeugen am Aussterben war. Die Glaubensunterweisung des Markus ist von unschätzbarem Wert. Aus Trümmern hat er in einer krisenhaften Stunde etwas Neues aufgebaut. Im ersten Kapitel berichtet er als einziger Evangelist von einem gesamten Tag Jesu. Ich vermute, er wollte damit nicht nur auf 24 Stunden im Leben Jesu zurückblicken, sondern es ging ihm darum, seine Gemeinde zu ermutigen. Er gab den verschreckten Gemeindemitgliedern eine Anleitung: Wie kann ich mein Leben tagtäglich so gestalten, dass ich im Glauben Festigkeit gewinne, besonders in bedrängenden Situationen?

Wie beginnt der Tag Jesu? Es ist ein Sabbat. Der siebte Tag ist in Israel Gott geweiht. Am Sabbat feiern Juden die Schöpfungsruhe Gottes, seine Einwohnung in der Welt. Als frommer Jude richtet sich Jesus an diesem Tag ganz auf Gott aus und geht in die Synagoge. Er hört das Wort Gottes und predigt, was jedem jüdischen Mann möglich war. Da meldet sich die Stimme eines Menschen, der von einem unreinen Geist besessen ist. Jesus weist den bösen Geist in die Schranken und droht ihm: „Schweig und verlass ihn!" (Mk 1,25). Das ist der Anfang des Tages: eine Machttat gegenüber einem Geist, der einen Menschen seiner Freiheit beraubt und sich der befreienden Botschaft Jesu widersetzt.

Ich denke, Markus will seiner Gemeinde sagen: Ihr in eurer Bedrängnis, sammelt als Gemeinschaft euer durchwühltes Inneres auf Gott hin! Er ist euch jeden Tag, jeden Morgen nahe! Mit der Kraft Gottes könnt ihr dämonischen Kräften Einhalt gebieten! Dämonen sind so etwas wie parasitäre Hausbesetzer. Sie überformen das Personzentrum eines Menschen. Manchmal regen sich am Morgen die „Geister der Nacht", die in Albträumen oder irren Phantasiegebilden ihr Unwesen getrieben haben. Oder es melden sich gleich die Sorgen des Alltags, Schwierigkeiten türmen sich auf, Ängste oder ungefilterte Emotionen. Der Impuls Jesu ist: Richte dich auf Gott hin aus! Lass ihn in dein Herz! Sag dir am Morgen: Gott ist jetzt da für mich! Wenn wir in die Stille gehen, kann das auch dämonische Kräfte wachrufen. Sie stecken potenziell in uns allen. Aber das feste Vertrauen auf Gott wird die Dämonen vertreiben oder sie lösen sich langsam auf.

Das nächste Ereignis an diesem Sabbat ist der Besuch Jesu im Haus von Simon und Andreas. Hauptperson der Szene ist die namenlose Schwiegermutter. Wir haben vorhin gehört: „Er fasste sie an der Hand und richtete sie auf." Man könnte auch übersetzen: „Er ließ sie aufstehen." Dasselbe Verb verwendet der Engel, um die Auferstehung Jesu den Frauen am Grab mitzuteilen. Markus will uns somit eine Auferstehungserfahrung „mitten am Tage" (Marie Luise Kaschnitz) nahebringen. Auch der abschließende Satz hat eine große Tiefenschärfe. Wer meint, die Hausfrau müsse sich nur um den Haushalt und die Gäste kümmern, übersieht die tiefere Dimension. Der Menschensohn charakterisiert sein gesamtes Leben mit dem Satz, er sei nicht gekommen, sich dienen zu lassen, sondern um zu dienen (vgl. Mk 10,45). Diese Frau lebt die Gesinnung und Sendung Jesu. Sie ist eine vorbildliche Jüngerin.

Was sagt das den Zuhörern, den Leserinnen und Lesern des Evangeliums? Markus will zum Glauben ermutigen: Im Leben mag dich manches niederstrecken. Vielleicht liegst du fiebrig und wie gelähmt am Boden. Lass dich nach solchen Tiefschlägen täglich von Gott aufrichten! Die dichteste geistliche Erfahrung ist die Verwandlung von Schwäche in Stärke. „Wenn ich schwach bin, dann bin ich stark" (2 Kor 12,10), sagt Paulus in einer äußerst angespannten Situation. Wenn ich mich in meiner Schwäche Gott übergebe, erfahre ich mehr und mehr eine Kraft, die mich wieder aufrichtet und befähigt, mein Tagewerk als Dienst zu sehen, der mich aufbaut und erfüllt. Ich lebe als einer, der mit Christus auferstanden ist.

In unserem Text weitet sich am Abend die Perspektive vom privaten Haus hin zur Öffentlichkeit. Viele Menschen sind vor der Haustür versammelt. „Die ganze Stadt", sagt Markus, drängt zu Jesus hin. Er lebt seinen Beruf, seine Sendung und heilt die Kranken. Damit führt Markus die lindernde, heilsame Kraft des Glaubens vor Augen. Die Ausstrahlung eines Menschen, der das Evangelium lebt, kann man auch heute spüren. Kranke und verwundete Menschen empfinden besonders, was heilsame Nähe ist. Solche Christen sind vor allem denen ein Halt, die von dämonischen Kräften besetzt sind. Sie weichen nicht angstvoll zurück und teilen bedrängten Menschen ohne große Worte mit: Ich bin bei dir. Ich stehe zu dir, auch wenn du bist, wie du bist. Ich sage Ja zu dir, obwohl alles in dir Nein schreit, weil du der Güte und der Liebe nicht mehr trauen kannst. Der Zufluss an Vertrauen, an Kraft, an innerer Freiheit kann in Grenzsituationen ganz unerwartet durchbrechen. Die Lebenskraft aus dem Glauben wird dann in das tägliche Leben, in den Beruf, in unsere Familien und Lebensgemeinschaften hinein ausstrahlen, mit allen damit verbundenen Auseinandersetzungen und Niederlagen, mit allem Geglückten und Erhebenden des Alltags.

Im Tagesablauf Jesu folgt nach der Nacht der Morgen des ersten Wochentags: Wieder sammelt er sich auf Gott hin. Er betet diesmal allein in der Einsamkeit. Wir werden auch heute als Christen nur überleben, wenn wir uns jeden Tag bewusst im Gebet vor Gott stellen. Am Abend den vergangenen Tag Gott zurückzugeben, am Morgen mit Gott neu anfangen, das sollte christlicher Lebensstil sein. Beten ist weniger ein Tun als ein Geschehenlassen. Gebet ist Dasein vor Gott, ist die Bereitschaft, seine Gnade als geistliche Kraft in uns einströmen zu lassen. All unser Tun sollte von diesem inneren Licht des Glaubens erfüllt sein. Durch beständiges Beten findet Jesus seine Lebensrichtung aus innerer Freiheit. Am nächsten Morgen teilt er Petrus mit, dass er weiterziehen muss. Von nichts und niemandem lässt sich Jesus die Freiheit des Geistes nehmen. Er ist durch die Verbindung mit seinem Vater von innen her geleitet und nicht abhängig von den Erwartungen seiner Umgebung.

Markus schildert mit diesem Tag Jesu exemplarisch, was Christsein, was Nachfolge bedeutet. Zwei Kapitel später wird es der Evangelist im Blick auf die Apostel verdeutlichen. Es heißt im Urtext „Er machte die Zwölf" (Mk 3,14). Christsein heißt: sich von ihm nicht nur rufen, sondern „machen" lassen. Christus will mit uns und aus uns etwas „machen". „Er machte die Zwölf, damit sie mit ihm seien…“, heißt es weiter. Christsein bedeutet, täglich die Nähe des Auferstandenen suchen: „… damit sie mit ihm seien und damit er sie aussende, zu verkünden und mit Vollmacht Dämonen auszutreiben“ (Mk 3,14.15). Damit sind nicht nur geweihte Priester und kirchlich bestellte Exorzisten gemeint. Durch das gelebte Leben gibt jeder Zeugnis und „predigt“. Mit versklavenden Geisteshaltungen, also mit Dämonen, haben wir alle zu tun, bei uns und bei anderen. Da heißt es, als Christ den Geist der Freiheit und Stärke wahren und aller Entfremdung widerstehen.

Werfen wir zum Schluss noch einen Blick auf die Schwiegermutter des Petrus. Markus stellt sie am Anfang seines Evangeliums als ideale weibliche Gestalt von Nachfolge vor. Sie lässt die Kraft Christi in sich hineinströmen. Dann steht sie auf und verkündet durch ihr Dasein, durch ihr Tun und Sorgen für andere. In unserer Szene ist es ihr Dienst, die Gäste zu bewirten. So normal, so alltäglich, so einfach und groß kann Nachfolge sein. „In allem lieben und dienen“ (En todo amar y servir) ist für den heiligen Ignatius im Exerzitienbuch (Nr. 233) eine Grundformel für Glaube und Nachfolge. Nehmen wir diesen Impuls auf und versuchen wir, ihn täglich zu leben.

DER DÄMON IN UNS ALLEN

Mk 1, 40-45 6. Sonntag

Ein Aussätziger kam zu Jesus und bat ihn um Hilfe; er fiel vor ihm auf die Knie und sagte: Wenn du willst, kannst du mich rein machen. Jesus hatte Mitleid mit ihm; er streckte die Hand aus, berührte ihn und sagte: Ich will – werde rein! Sogleich verschwand der Aussatz und der Mann war rein. Jesus schickte ihn weg, wies ihn streng an und sagte zu ihm: Sieh, dass du niemandem etwas sagst, sondern geh, zeig dich dem Priester und bring für deine Reinigung dar, was Mose festgesetzt hat – ihnen zum Zeugnis. Der Mann aber ging weg und verkündete bei jeder Gelegenheit, was geschehen war; er verbreitete die Geschichte, sodass sich Jesus in keiner Stadt mehr zeigen konnte; er hielt sich nur noch an einsamen Orten auf. Dennoch kamen die Leute von überallher zu ihm.

Bei den Wunderheilungen Jesu unterscheidet man zwei Grundtypen: Therapien und Exorzismen. Der grundlegende Unterschied besteht darin: Das Gegenüber des Heilers bei einer Therapie ist der hilfsbedürftige Kranke. Das Gegenüber bei einem Exorzismus ist der Dämon, der in einem Menschen sitzt.

Die heutige Geschichte ist eine Krankenheilung, eine Therapie. Ein Aussätziger, für den das schlimmste Leiden die soziale Ausgrenzung ist, wirft sich vor Jesus auf die Knie. „Wenn du willst, kannst du mich rein machen." Damit stellt der Kranke Jesus in eine Reihe mit Mose und dem Propheten Elischa, von denen solche Aussätzigenheilungen berichtet werden. Beide heilten durch ein wirkmächtiges Wort. Jesus geht provokativ noch einen Schritt weiter und heilt durch eine Berührung. „Er streckte die Hand aus, berührte ihn …". Da stockte jedem Juden der Atem. Denn durch Berührung eines Aussätzigen machte man sich selbst unrein und wurde gesellschaftlich zum „Outcast". Die offensive Zuwendung Jesu zum Kranken ist das Besondere an dieser Heilungsgeschichte.

Doch schon im Heilungswort, das auf die Berührung folgt, wendet sich das Blatt, was nur im Urtext sichtbar wird. Es heißt dort wörtlich: „Ihn (den Kranken) anschnaubend, sofort warf er ihn hinaus." Das ist eigentlich die typische Terminologie für einen Exorzismus. Was ist da passiert, dass aus einer Therapie, der Zuwendung zu einem Kranken, ein Exorzismus wird? Es kann nicht der Aussatz-Dämon sein, den Jesus hier „anschnaubt". Denn der Aussatz ist schon verschwunden. Welchen anderen Dämon erspürt Jesus?

Schauen wir erst einmal unsere eigenen Erfahrungen an. Stellen Sie sich vor, Sie haben einem Menschen streng vertraulich etwas anvertraut, wo Sie konventionelle Grenzen überschritten haben. Bald danach erfahren Sie, dass derjenige alles herumerzählt. Es gibt Tratsch, Ihr guter Ruf leidet. Genau das geschieht in unserer Szene. Jesus wird durch den Kranken kompromittiert und selbst zu einem „Aussätzigen" gemacht.

Oder stellen Sie sich vor, Sie haben einem Menschen geholfen, so dass sich sein gesamtes Leben zum Guten wendet, und Sie bekommen dafür nicht einmal ein Dankeschön. So ähnlich passiert es in unserer Szene. Für den Aussätzigen war es das lang ersehnte Glück, wieder in der Gesellschaft integriert zu sein. Mit keinem Wort und keiner Geste würdigt er, was Jesus gewirkt hat. Stattdessen plappert er das Ganze herum und stellt Jesus bloß. Wir wären im ähnlichen Fall zu Recht verärgert und enttäuscht. Ich vermute, bei Jesus ist aber nicht persönliche Enttäuschung der Grund dafür, dass er einen Dämon in diesem Menschen sitzen sieht und ihn anschnaubt.

Im Lukasevangelium wird die Geschichte von den zehn Aussätzigen erzählt, die Jesus im gebührenden Abstand heilt. Nur einer kommt zurück und bedankt sich, ausgerechnet ein Samariter. „Ist denn keiner umgekehrt, um Gott die Ehre zu geben, außer diesem Fremden?" (Lk 17,18), fragt Jesus erstaunt. Eine unerwartete Heilung soll das Herz des Menschen dazu aufbrechen, Gott zu danken und seine Herrlichkeit zu preisen. Das entspricht der eigentlichen Absicht Jesu.

Wer ist dann dieser Dämon, den Jesus bei unserer Geschichte schon im Augenblick des Heilens sieht? Es ist ein Dämon, der in uns allen sitzt: die Ego-Zentriertheit, das alleinige Bestimmtsein von eigenen Wünschen, Verletzungen oder Gewohnheiten. Der Geheilte kreist nur um sich selbst. Die Person des Heilers oder gar Gott kommen ihm überhaupt nicht in den Sinn. Diese Art von Egoismus ist eine dämonische Kraft. Sie richtet furchtbar viel Unheil in der Welt an, weil sie in allen steckt.

Am Faschingssonntag von Dämonen zu sprechen, ist schon eigenartig. Ich gebe Ihnen aber einen Hinweis für die Faschingstauglichkeit unserer Geschichte. In ihr steckt nämlich eine feine Ironie, geradezu Humor. Dessen kürzeste Definition lautet: Humor ist, wenn man trotzdem lacht. Unstimmigkeiten und Widersinniges können sich durch eine humorvolle Bemerkung unerwartet auflösen. Wo also liegt der versteckte Humor in unserer Geschichte? Obwohl der geheilte Mann genau das Falsche tut, das Redeverbot Jesu missachtet und den bloßgestellten Heiler in die Einsamkeit treibt, strömen die Leute von überall her Jesus zu. Der Geheilte verkündete ein verbotenes Wort, doch dieses verbotene Wort wirkt und wird zur Verkündigung bis heute.

Ähnlich verhält es sich mit unserer Haydn-Messe heute. „In angustiis", „In Bedrängnis", ist sie überschrieben, weil sie sich auf die schwere Zeit der Napoleonischen Kriege bezieht (1798/99). Sie wird meist „Nelson-Messe" genannt. Die Moll-Tonart lässt sie etwas düster erscheinen. Gleichzeitig spüren wir, wie die Musik über alles Dunkel hinaus ausgreift. Wenn im Sanctus nachher die Fanfaren ertönen, seien es die Siegesfanfaren von Abukir oder nicht, dann sprengt die Musik alles, was Leben bedrängt. Musik öffnet wie der Humor unser Herz und bricht unser kleines Ego auf. Das ist das Große an der Musik, dass sie über die Töne hinaus unsere innere Enge zum Unfassbaren, zum Ewigen hin weitet.

Wir können als Faschingsbotschaft mitnehmen: Bleibe nicht in deinem angstbesetzten Ego mit seinem Worst-Case-Denken hängen. „Man muss mit allem rechnen", sagen wir und erwarten als Fortsetzung: „auch mit dem Schlechtesten." Man könnte es an Fasching einmal umdrehen und sagen: „Man muss mit allem rechnen, selbst mit dem Besten." In diesen Sinn einen frohen Faschingssonntag!

DIE GRUNDBOTSCHAFT JESU KONKRET

Mk 2, 1-12 7. Sonntag

Als Jesus nach einigen Tagen wieder nach Kafarnaum hineinging, wurde bekannt, dass er im Hause war. Und es versammelten sich so viele Menschen, dass nicht einmal mehr vor der Tür Platz war; und er verkündete ihnen das Wort. Da brachte man einen Gelähmten zu ihm, von vier Männern getragen. Weil sie ihn aber wegen der vielen Leute nicht bis zu Jesus bringen konnten, deckten sie dort, wo Jesus war, das Dach ab, schlugen die Decke durch und ließen den Gelähmten auf seiner Liege durch die Öffnung hinab. Als Jesus ihren Glauben sah, sagte er zu dem Gelähmten: Mein Sohn, deine Sünden sind dir vergeben! Einige Schriftgelehrte aber, die dort saßen, dachten in ihrem Herzen: Wie kann dieser Mensch so reden? Er lästert Gott. Wer kann Sünden vergeben außer dem einen Gott? Jesus erkannte sogleich in seinem Geist, dass sie so bei sich dachten, und sagte zu ihnen: Was für Gedanken habt ihr in euren Herzen? Was ist leichter, zu dem Gelähmten zu sagen: Deine Sünden sind dir vergeben! oder zu sagen: Steh auf, nimm deine Liege und geh umher? Damit ihr aber erkennt, dass der Menschensohn die Vollmacht hat, auf der Erde Sünden zu vergeben – sagte er zu dem Gelähmten: Ich sage dir: Steh auf, nimm deine Liege und geh nach Hause! Er stand sofort auf, nahm seine Liege und ging vor aller Augen weg. Da gerieten alle in Staunen; sie priesen Gott und sagten: So etwas haben wir noch nie gesehen.

Die ersten drei Sätze, die Jesus im Markusevangelium spricht, haben programmatischen Charakter. Sie lauten: „Die Zeit ist erfüllt, das Reich Gottes ist nahe. Kehrt um und glaubt an das Evangelium!" (Mk 1,15). „Reich Gottes" trifft die Sache nicht ganz. Das griechische „basileia" meint mehr die personale Präsenz Gottes, was auch dem aramäischen Originalton Jesu entspricht. „Königs-

2020

herrschaft Gottes" wäre treffender. Wie man auch übersetzt, in der Satzaussage steckt die Frage, was genau diese Nähe des Reiches Gottes bedeutet. Man sagt, es ist schon da, aber irgendwie ist es auch noch nicht da. Manche Theologen meinen, es sei nur im Modus der Ansage da. Das wäre sicher zu wenig, denn Jesus proklamiert eine Zeitenwende. Er redet von der erfüllten Zeit. Das heißt unmissverständlich: Die Königsherrschaft Gottes ist da, ist gegenwärtig. Das ist seine Grundbotschaft.

Wir werden unsere heutige Szene unter der Fragestellung anschauen: Inwieweit illustriert diese konkrete Begebenheit die programmatischen Sätze Jesu? In unserer Szene kommt zum ersten Mal das Wort „Glauben" vor. Die Erfahrung der Nähe des Gottesreiches hat mit dem Glauben zu tun, hier mit dem Glauben von fünf Menschen.

Es geht um einen Gelähmten und seine vier Träger. Die erste lapidare Schlussfolgerung aus dieser Beobachtung ist: Das Reich Gottes meint nicht heile Welt oder Schlaraffenland. Nein, die Welt ist und bleibt, wie sie ist, gezeichnet von Krankheit und Not. „Als Jesus ihren Glauben sah", heißt es im Text. Was tun die vier Männer? Sie tragen einen hilfsbedürftigen Menschen und stoßen auf Widerstände. Die Menschenmenge steht wie eine Mauer vor dem Haus, in dem Jesus sich befindet. Die vier Träger sind findig und kreativ. Sie geben nicht auf, sondern umgehen die Menge und nähern sich dem Haus von hinten. Ein Flachbau in Kafarnaum hatte hinten meistens eine Treppe, um auf das Flachdach zu gelangen, das mit Weide und Lehm gedeckt war. Es gehört schon Mut und Unverfrorenheit dazu, einfach das Dach durchzuschlagen. Aber sie wollen ja unbedingt zu Jesus. Sie suchen seine Nähe und das trotz enormer Widerstände.

Exegeten sagen, das griechische Wort „aengiken", „ist nahe", hat den Beiklang: Es ist „zum Greifen nahe". Das Reich Gottes liegt nicht einfach da und wird uns ohne unser Zutun zuteil. Nein, wir müssen es ergreifen wie diese vier Männer, die sich für den Gelähmten einsetzen. Sie kapitulieren nicht gleich angesichts der Menschenmenge und haben nur ein Ziel: Sie wollen zu Jesus. Sie suchen seine Nähe. In unseren individualistischen Zeiten meinen wir, Glaube sei ausschließlich der persönliche Weg nach innen, sei ein Leben mit verändertem Bewusstsein. Das korrigiert unser Text. Es handelt sich um vier Menschen. Jesus sieht ihre Aktion und ist von ihrem Glauben beeindruckt. Er hatte offenbar eine gemeinschaftliche Vision von Glauben. Schließlich war die Sammlung und Bekehrung ganz Israels sein Herzensanliegen. Keiner glaubt nur für sich selbst oder allein aus sich selbst.

Unser Text bietet eine weitere Überraschung: Dem Gelähmten werden einfach die Sünden vergeben. Haben wir nicht einmal gelernt, zur Sündenvergebung seien Reue und Bekenntnis nötig? Davon ist hier nicht die Rede. Wir müssen, was das Thema Sünde angeht, unseren Blick weiten. Das deutsche Wort sagt von der Wortwurzel her: Sünde ist Absonderung, Absonderung von unserem Lebensquell, von Gott. Das unruhige Herz des Menschen ist geschaffen auf Gott hin. Wenn Jesus diesem Kranken sofort die Vergebung der Sünden zusagt, dann muss er in seinen Augen die Sehnsucht nach Gott wahrgenommen haben. Der Gelähmte muss gar nichts tun. Seine Gottessehnsucht genügt. Sie ist ein Sehnen nach einem tieferen Heilsein, das nur Gott schenken kann. Dieser Mann hatte eine viel umfassendere Sehnsucht als nur körperlich gesund zu werden. Jesus muss das gespürt haben. Deshalb kann er ihm sagen: „Mein Sohn, deine Sünden sind dir vergeben!" Vielleicht war die Glaubensenergie des Gelähmten so groß, dass er die vier Träger dazu gebracht hatte, ihn zu diesem Rabbi zu bringen. Auf dieses Zutrauen hin handelt Jesus und spricht ihm zu, dass er mit Gott neu verbunden ist. Das, was ihn von Gott trennt, ist durch das Vergebungswort Jesu weggenommen. Die körperliche Gesundheit ist die Folge des inneren Heilwerdens. Jesus verbindet alle seine Heilungswunder mit seiner zentralen Botschaft von der Nähe Gottes. Er will mehr sein als ein Wunderheiler. Er bringt das Heil Gottes, das im Herzen des Menschen ankommen will. Das kann nur geschehen, wenn sich der Mensch zu Gott hinkehrt.

Der Gelähmte hat innerlich vollzogen, was wir gewöhnlich Umkehr nennen. Das griechische Verb „metanoeite" wird im Deutschen verkürzt wiedergegeben. „Kehrt um! Denkt um!" deckt nicht die ganze Bedeutung ab. Das Substantiv „nous" meint die Gesamtheit unserer Sinne, nicht nur das Denken. Die Präposition „meta" kann eine Kehrtwende sein, sie hat aber auch die Bedeutung „darüber hinaus". Damit wandelt sich die Blickrichtung und der Appell Jesu wäre: Denkt mit allen Sinnen größer und umfassender! Jesus proklamiert die Nähe Gottes. Sein Ruf zur Umkehr lautet dann: Denkt mit allen Sinnen größer von Gott! Bei dem Gelähmten erkennt Jesus diese Hinkehr zu Gott. Deshalb geschieht das Wunder, in dem die Königsherrschaft Gottes aufblitzt.

Die Grundbotschaft Jesu bekommt durch diese Szene Farbe und Kontur. Doch richtig lebendig wird sie erst, wenn wir uns in sie hineinversetzen. Sie ist nicht einfach eine vergangene Geschichte. Sie will uns hier und jetzt in die Begegnung mit Jesus Christus führen. Suchen Sie sich eine Rolle aus und schlüpfen Sie hinein! Sicher gibt es unter uns einige, die andere im Leben stützen, tragen, mittragen oder geleiten, zumindest eine Zeitlang. Das ist etwas Großes. Das ist gelebter Glaube, den Jesus bewundert: Kinder ins Leben führen, Kranke besuchen und versorgen, anderen in einer psychischen Krise beistehen. Vermutlich gibt es hier auch Menschen, die sagen: Es gab Phasen in meinem Leben, wo ich nur überlebt habe, weil andere mich getragen haben, wo ich innerlich gelähmt und zu nichts mehr fähig war. In beiden Rollen können wir dem Heiland begegnen, der uns die Nähe Gottes bringt, damit wir neu auf die Beine kommen. Werfen wir noch einen letzten Blick auf Jesus in unserer Szene. Vielleicht tanzt uns mal jemand auf der Decke herum und bricht in unser Leben ein. Das muss kein Grund zur Verärgerung sein. Könnte nicht auch vor unseren Füßen die Möglichkeit für ein Wunder landen?

Wir alle leben im Horizont der Grundbotschaft Jesu, dass Gott nahe und gegenwärtig ist. Glauben wir an diese Nähe! Ergreifen wir sie! Vor allem: Geben wir mit allen Sinnen und Kräften den Glauben an den immer größeren Gott weiter, wie Jesus, in dem die Liebe Gottes leibhaftig erschienen ist.

JESUS CHRISTUS, DAS BARMHERZIGE ANTLITZ GOTTES

Mk 3, 22-30 Fastenpredigt

Die Schriftgelehrten, die von Jerusalem herabgekommen waren, sagten: Er ist von Beelzebul besessen; mit Hilfe des Herrschers der Dämonen treibt er die Dämonen aus. Da rief er sie zu sich und belehrte sie in Gleichnissen: Wie kann der Satan den Satan austreiben? Wenn ein Reich in sich gespalten ist, kann es keinen Bestand haben. Wenn eine Familie in sich gespalten ist, kann sie keinen Bestand haben. Und wenn sich der Satan gegen sich selbst erhebt und gespalten ist, kann er keinen Bestand haben, sondern es ist um ihn geschehen. Es kann aber auch keiner in das Haus des Starken eindringen und ihm den Hausrat rauben, wenn er nicht zuerst den Starken fesselt; erst dann kann er sein Haus plündern. Amen, ich sage euch: Alle Vergehen und Lästerungen werden den Menschen vergeben werden, so viel sie auch lästern mögen; wer aber den Heiligen Geist lästert, der findet in Ewigkeit keine Vergebung, sondern seine Sünde wird ewig an ihm haften. Sie hatten nämlich gesagt: Er hat einen unreinen Geist.

„Jesus Christus, das barmherzige Antlitz Gottes" ist heute unser Thema. Ich bitte Sie, sich zu fragen: Welche Bilder steigen in mir auf, wenn ich mir Jesus Christus als das barmherzige Antlitz Gottes vorstelle?

Bei mir kam als erstes die Erinnerung an das Schlafzimmer meiner Großeltern. Ein großes, breites Bild über dem Bett: „Der Gute Hirt" – im Hintergrund weiße Schäflein, eines beim Hirten über der

Schulter, er selbst in wallendem Gewand mit Hirtenstab, sanfter Blick aus dem ebenmäßigen Gesicht, umrahmt von langem, dunkelblondem Haar, in der Mitte gescheitelt, eine edle Gestalt ganz nach dem westlichen Schönheitsideal!

Es stellte sich auch gleich das Bild des „Barmherzigkeits-Jesus" von Schwester Faustina ein. Auch hier Jesus in wallendem Gewand, mit tiefem Blick und säuberlich gescheiteltem Haar, der Segensgestus im Lichtstrahl. Da fehlt nur die Sprechblase: „Alle Vergehen", das sind Sünden gegen Menschen, „und Lästerungen", das sind Sünden gegen Gott, „werden den Menschen vergeben werden". Das ist das Klischee des barmherzigen Jesus. Bei Markus steht unmittelbar anschließend der Satz, die Sünde wider den Heiligen Geist werde in Ewigkeit nicht vergeben. Dieser sanfte Jesus hat irgendwo doch einen Knüppel im Sack. In der Tat! Der wirkliche Jesus kann auch mit einer harschen Gerichtsbotschaft daherkommen, wo es um „Heulen und Zähneknirschen" geht, wo ein ungehorsamer Diener am Ende „in Stücke gehauen" wird. Petrus, seinen ersten Apostel, fährt Jesus an: „Tritt hinter mich, du Satan!" (Mk 8,33). Bei Matthäus lesen wir ein langes Kapitel (Mt 23) nur mit schlimmen Beschimpfungen gegen die Schriftgelehrten und Pharisäer. Ziemlich ambivalent, dieser Jesus. Mancher wird ihn vielleicht für eine gespaltene Persönlichkeit halten. Müsste man ihn zum Psychiater schicken?

Die Texte des Neuen Testaments geben nicht viel her für eine tiefenpsychologische Analyse. Wer Jesus verstehen will, muss sich in sein Gottesverhältnis vertiefen. Wie er von Gott redet, darüber können wir nicht oft genug nachdenken. Die Intimität, die innige Vertrautheit mit seinem himmlischen Vater, ist die Mitte seiner Person. Man macht bei Jesus eine doppelte Beobachtung: Jesus verkündigt einerseits einen ganz und gar „mütterlichen" Abba. „Abba", so nennen kleine Kinder ihren Papa. Aber es ist auch ein Ehrfurchtsname wie „Väterchen" im Russischen. Dieser Vater Jesu Christi trägt weiche, weibliche Züge: Er erbarmt sich, er verzeiht, er erhört die Bitten der Seinen, er sorgt für sie. Das Gottesbild Jesu trägt ausgesprochen weibliche Züge, und das bei der männlichen Bezugsgröße „Vater".

Doch Jesus kennt in seiner Gottesrede neben dem männlichen auch ein weibliches Bild. Er sieht sich als Gesandten der göttlichen Weisheit. Das hebräische Wort „hokmah" ist weiblichen Geschlechts und trägt oft als „Frau Weisheit" personale Züge. In der jüdischen Theologie ist die Weisheit die weltzugewandte Seite Gottes. Die Weisheit sendet ihre Boten, Johannes den Täufer und Jesus. Beide werden abgelehnt, der eine als Asket, der andere als „Fresser" und „Weinsäufer", als Kumpan der Sünder und Dirnen. Die göttliche Weisheit hat schon immer Propheten in die Welt gesandt, aber sie wurden misshandelt und getötet. Deshalb wird ein strenges Gericht angekündigt (vgl. Lk 11,49). Die weibliche Weisheit erscheint als mütterliche Liebe Gottes, aber als eine Liebe, die den Menschen herausfordert, den Konflikt riskiert und sogar in Gerichtsdrohung umschlagen kann. Wir stellen fest: Gott hat als Vater „mütterliche" Züge, als Weisheit und Mutter „väterliche" Züge.

Natürlich übersteigt Gott alle Bilder und Vorstellungen von Mann und Frau. Er ist für Jesus die Urkraft hinter dem Männlichen und Weiblichen, der Urquell des Lebens. Jesu Grundbotschaft lautet: Dieser Gott des Lebens ist euch nahe. Er ist euch jetzt durch mich zum Greifen nahegekommen. Jesus lädt dringend ein: Wählt das Leben, ergreift es bitte! Damit sagt er zugleich: Wenn ihr dieses Leben nicht ergreift, dann wählt ihr das Gegenteil, nämlich

Tod, Unglück und Fluch. So redete schon Mose zu Israel (vgl. Dtn 30,15).

Diese Doppelbotschaft Jesu ergibt sich aus seiner zentralen Aussage, dass der barmherzige Gott allen nahe ist. Jesus ist kein weichgespülter Softie und Allesversteher. Er ist auch der Ungeduldige, der Zornige. Er redet Klartext, wenn Leben niedergehalten und bedroht wird, wenn Menschen sich der Vergebung verweigern, nicht verzeihen können und sich in der Unbarmherzigkeit versteifen. Deshalb: Wenn es heißt, dass alles vergeben wird, dann kann die Sünde wider den Heiligen Geist nur eines sein: sich von Gott nicht vergeben lassen, wider besseres Wissen in der Verstocktheit verharren. Jesus verkündet seine Botschaft vom nahen, gütigen Gott mit aller Leidenschaft, aber auch mit radikalem Ernst. Erst das ist der ganze Jesus: nicht nur der mit den sanften Zügen, sondern einer, der die Menschen herausfordert und vor die Entscheidung stellt, damals und heute.

Ein weiterer Aspekt: Viele empfinden die kirchliche Barmherzigkeit als huldvoll von oben herab. Gerade Paare, die in ungültigen Ehen leben, oder Menschen mit einer anderen sexuellen Orientierung sagen: Wir werden gnädig toleriert, aber wir möchten angenommen werden, wie wir sind, und nicht laufend hören, dass wir eigentlich im Zustand der Sünde leben. Die Barmherzigkeit Gottes ist etwas anderes als huldvolle Zuneigung von oben herab.

Dazu eine berühmte Parabel von Sören Kierkegaard: „Es war einmal ein König, der liebte ein bettelarmes Mädchen. Niemand hätte es dem König verwehren können, das Mädchen zu heiraten, niemand hätte auch nur gewagt, ein Wort dagegen zu sagen, offen oder im Geheimen. Es wäre ihm ein Leichtes gewesen, das bettelarme Mädchen in seinen königlichen Stand emporzuheben. Doch im Herz des Königs erwachte die Sorge, ob das Mädchen wohl dadurch glücklich werde. Er sprach zu niemand von seiner Besorgnis, denn hätte er es gesagt, da hätte jedermann am Hofe gesagt, Eure Majestät erweisen dem Mädchen eine Wohltat, für die sie Eurer Majestät ihr Leben lang nicht genug wird danken können. Doch das hätte nur den Zorn des Königs erregt. Einsam hegte er den Kummer in seinem Herzen, ob das Mädchen wohl so frei werden könnte, niemals daran zu denken, dass er der König und sie ein bettelarmes Mädchen gewesen. Denn geschähe dies, was wäre da der Liebe Glück? Dann wäre es besser, wenn sie in ihrem Winkel geblieben wäre, zufrieden in der armen Hütte, aber freien Sinns in ihrer Liebe und frohgemut. Weil der König aber das Mädchen wirklich liebte, gab es für ihn nur einen Weg, als Bettler dem bettelarmen Mädchen zu begegnen. Dabei durfte der Bettelmantel kein bloßer Umhang sein, mit dem er sich tarnt, sondern er müsste wirklich Bettler, einer Ihresgleichen werden."

Eine wunderbare Parabel über die Menschen und die Barmherzigkeit Gottes. Gott selbst steigt herab. Das Herabsteigen auf die gleiche Augenhöhe mit Kindern, mit Sündern, mit Ausgegrenzten ist die Art Gottes. Seine Barmherzigkeit ist überfließendende Liebe, sonst nichts. Diese wird durch nichts verdunkelt oder eingeschränkt, es sei denn durch die Weigerung, sich lieben zu lassen.

Ich hatte Sie am Anfang gebeten, ein Bild aus Ihrer Erinnerung aufsteigen zu lassen. Eine weitere Bitte: Welches Bild aus dem Neuen Testament fällt Ihnen ein, wenn Sie hören „Jesus, das barmherzige Antlitz Gottes"? Das erste Bild ist für mich der „Barmherzige Vater" im Gleichnis des Lukasevangeliums (vgl. Lk 15,11-32). Gegenüber seinen beiden Söhnen verhält er sich überhaupt nicht wie ein orientalischer Patriarch. Er gibt dem Sohn, der von zuhause weg will, fraglos sein Erbteil, obwohl er dazu nicht verpflichtet wäre. Sehnsüchtig wartet er auf seine Heimkehr. Er sieht ihn von Weitem. In einem Verb ist der innere Glutkern der Geschichte zusammengefasst: „Er hatte Mitleid mit ihm" (Lk 15,20). Er war, so wörtlich, „in den Gedärmen gerührt und gepackt". Deshalb muss der Vater seinem Sohn entgegenlaufen, was ein Patriarch nie tat. Er muss ihn umarmen, ihn gegen alles Rechtsempfinden in seine Stellung als Sohn wieder einsetzen und ihm ein Fest bereiten. Seinen älteren Sohn bittet er inständig: Komm doch rein, feiere mit! Bleib nicht in deiner Verhärtung stecken! Das Gleichnis endet offen: Der liebende Vater und der verstockte Sohn stehen sich gegenüber. Nimmt der Mensch die Einladung Gottes zum Fest der Barmherzigkeit an oder nicht, das ist die dramatische Frage, nicht nur am Schluss des Gleichnisses.

Ein zweites Bild, im Grunde ein doppeltes Selbstporträt Jesu: das Gleichnis vom „Barmherzigen Samariter" (vgl. Lk 10,25-37). Ein Priester und ein Levit gehen an dem halbtoten Mann vorüber und schauen weg. Der Samariter, ein Nicht-Rechtgläubiger, ist zuinnerst gerührt, geht hin, verbindet und versorgt den Verwundeten. Das ist tätige Barmherzigkeit, ausgelöst durch das dasselbe Verb wie beim Vater des Verlorenen Sohnes, nämlich durch menschliches Mitempfinden bis in die Gedärme. Jesus ist nicht nur der barmherzige Samariter, er ist auch der unter die Räuber Gefallene. Er identifiziert sich mit allen „geringsten Brüdern" (Mt 25,40), die auf die Hilfe und Zuwendung anderer angewiesen sind. So sehr ist der himmlische Menschensohn einer von uns geworden, dass die Härte und Grausamkeit dieser Welt sich an seinem Leib austobt. Paulus hat dafür eine steile Formulierung: „Gott hat ihn für uns zur Sünde gemacht" (2 Kor 5,21). So tief ist Gott in Christus herabgestiegen, nicht huldvoll von oben herab, sondern ganz solidarisch mit uns Menschen, besonders mit den ungerecht Leidenden. Der Ausgeplünderte am Wegrand ist vielleicht das stärkste Bild für die Gesinnung Jesu. Als Leidender fordert er uns heraus und bittet eindringlich: „Seid barmherzig, wie auch euer Vater barmherzig ist!" (Lk 6,36). Das ist seine Herzensbitte an uns und gleichzeitig seine eigene Herzmitte. Wenn wir als Priester hier vorne stehen, haben wir nur diese eine Aufgabe, an Christi statt zu bitten: Lebt die Barmherzigkeit! Papst Franziskus tut das immer und immer wieder.

Man könnte im Lobgesang des Zacharias, dem Benedictus, das Futur „wird besuchen" abwandeln und als gegenwärtige Wahrheit besingen: „Durch die barmherzige Liebe unseres Gottes hat uns besucht das aufstrahlende Licht aus der Höhe, um allen zu leuchten, die in Finsternis sitzen und im Schatten des Todes, und unsere Schritte zu lenken auf den Weg des Friedens" (vgl. Lk 1,78f). Jesus Christus verkörpert bis heute das barmherzige Antlitz Gottes.

ANGRIFF VON ZWEI SEITEN

Mk 3, 20-35 10. Sonntag

Jesus ging in ein Haus und wieder kamen so viele Menschen zusammen, dass sie nicht einmal mehr essen konnten. Als seine Angehörigen davon hörten, machten sie sich auf den Weg, um ihn mit Gewalt zurückzuholen; denn sie sagten: Er ist von Sinnen.
Die Schriftgelehrten, die von Jerusalem herabgekommen waren, sagten: Er ist von Beelzebul besessen; mit Hilfe des Herrschers der Dämonen treibt er die Dämonen aus. Da rief er sie zu sich und belehrte sie in Gleichnissen: Wie kann der Satan den Satan austreiben? Wenn ein Reich in sich gespalten ist, kann es keinen Bestand haben. Wenn eine Familie in sich gespalten ist, kann sie keinen Bestand haben. Und wenn sich der Satan gegen sich selbst erhebt und gespalten ist, kann er keinen Bestand haben, sondern es ist um ihn geschehen. Es kann aber auch keiner in das Haus des Starken eindringen und ihm den Hausrat rauben, wenn er nicht zuerst den Starken fesselt; erst dann kann er sein Haus plündern. Amen, ich sage euch: Alle Vergehen und Lästerungen werden den Menschen vergeben werden, so viel sie auch lästern mögen; wer aber den Heiligen Geist lästert, der findet in Ewigkeit keine Vergebung, sondern seine Sünde wird ewig an ihm haften. Sie hatten nämlich gesagt: Er hat einen unreinen Geist.
Da kamen seine Mutter und seine Brüder; sie blieben draußen stehen und ließen ihn herausrufen. Es saßen viele Leute um ihn herum und man sagte zu ihm: Siehe, deine Mutter und deine Brüder stehen draußen und suchen dich. Er erwiderte: Wer ist meine Mutter und wer sind meine Brüder? Und er blickte auf die Menschen, die im Kreis um ihn herumsaßen, und sagte: Das hier sind meine Mutter und meine Brüder. Wer den Willen Gottes tut, der ist für mich Bruder und Schwester und Mutter.

Wir hörten gerade zwei ineinander verschachtelte Szenen. Mit ihnen hat Markus einen sehr kunstvollen Text geschaffen. Ein „Text", zu Deutsch „Gewebe", ist eine Art Teppich. Ich möchte mit Ihnen die Webmuster und Verknüpfungen dieses Text-Teppichs genauer anschauen.

„Jesus ging in ein Haus." Was verbinden Sie mit dem Wort „Haus"? „Haus" ist zunächst ein Gebäude, im engeren Sinn der Wohnort einer Familie. Im übertragenen Sinn umschrieb man in Israel eine Großfamilie, eine Sippe, durch die Bezeichnung „Haus". „Haus" ist weiterhin eine Metapher für das ganze Volk. „Haus Israel" meint einen Staat, einen kulturellen Verband, eine religiöse Gemeinschaft. Der Glaube an den einen Gott einte das „Haus Israel". In unserer Szene ist Jesus mit Zuhörerinnen und Zuhörern zusammen in einem Haus. Die anderen Beteiligten, Schriftgelehrte und Familie, kommen von außerhalb. Sie gehören nicht zum Haus, das sich um Jesus gruppiert.

Die beiden Szenen sind deshalb so spannungsgeladen, weil die Familie sagt: Den müssen wir zurückholen! Der ist übergeschnappt! Der ist ausgebrochen aus dem Haus der Familie! Die Offiziellen aus Jerusalem sagen: Der ist zwar erwiesenermaßen ein Exorzist, aber er tut das im Namen eines Gegen- oder Fremdgottes, des Beelzebul. Der gehört nicht zum Haus Israel! Der muss weg! Den muss man meiden! Das ist die Dramatik von zwei Seiten, die Markus in diesem Teppich ineinander verwoben hat.

Schauen wir uns diese beiden Seiten näher an: Warum ist die Familie so außer sich? Das Land Israel war zur Zeit Jesu ein Vasallenstaat Roms. Man hatte die Verwaltung der herodianischen Dynastie überlassen. Hauptsache, man konnte so viel Geld herausziehen, wie es nur ging. Israel war deshalb ein Land unter enormem Steuerdruck. Die Mittelschicht war davon besonders betroffen. Darum musste ein junger jüdischer Mann heiraten, eine Familie gründen und durch seine Arbeit den Unterhalt samt den enormen Steuern verdienen. Das war die Aufgabe eines Mannes zwischen 20 und 40.

Jesus ist vermutlich bei einer Wallfahrt nach Jerusalem auf die faszinierende Gestalt des Täufers Johannes getroffen und bei ihm geblieben. Wahrscheinlich war er eine Zeitlang Schüler des Täufers. Mit ungeheurer religiöser Wucht verkündete Johannes das Ende der Welt. Das Gericht Gottes stand nahe bevor. Durch Taufe und Umkehr konnte man im Endgericht bestehen. Viele Menschen waren von diesem Prediger gepackt und strömten ihm zu. Jesus trennt sich nach einiger Zeit von Johannes, kehrt nach Galiläa zurück und beginnt ein neues Leben. Er gibt seinen Beruf als Bauhandwerker auf, der ihn zu den Großbaustellen in Galiläa geführt hatte. Jetzt tritt er öffentlich auf und verkündet den nahen Gott, aber auf ganz andere Weise als sein Lehrer Johannes. Er zieht mit einem Gefolge von Männern und Frauen, einer Art Wanderkommune, durch Galiläa und hat einen festen Standort in Kafarnaum. Die meist jungen Leute hatten seinetwegen Beruf und Familie für eine Zeitlang hinter sich gelassen. Sie lebten von dem, was sie geschenkt bekamen. Sie arbeiteten nicht und feierten fröhliche Mähler, wenn sie aufgenommen und eingeladen wurden. Als Heiler und Exorzist gewann Jesus hohes Ansehen und hatte viel Zulauf. Mit seiner Lebensweise und seinen Wundern bringt er zum Ausdruck, dass das Reich Gottes mitten im Alltag angebrochen ist. Für seine Familie ist das skandalös. Sie fühlt sich im Stich gelassen. Aber sie gibt ihn nicht auf. Die Großfamilie hofft, ihn noch wiedergewinnen zu können. Man müsste ihn einfach nur zurückholen. In der heimischen Umgebung würde er schon wieder normal werden. Das ist der Konflikt mit der Familie.

Nun zum Konflikt mit den Schriftgelehrten, die eigens aus Jerusalem gekommen waren: Bedenken wir zunächst, was ein Dämon im damaligen Volksglauben war. Dämonen wurden auch „böse Geister" genannt, Geister, die durch die Körperöffnungen in einen Menschen eindringen konnten. So hatten Ohrringe und Nasenringe ursprünglich eine abwehrende Funktion ihnen gegenüber. Dämonen erweisen sich als parasitäre Hausbesetzer. Sie beherrschen das Innere eines Menschen und machen ihn unfrei. Das kann von Epilepsie und Schizophrenie bis zu physischen Krankheiten reichen. Ein Exorzist wendet sich nicht vorrangig dem Kranken zu, sondern fixiert und konfrontiert den Dämon in einem Besessenen. Seine exorzistische Macht zeigt sich darin, dass er den Dämon bezwingt und hinauswirft, oft mit Hilfe von magischen Formeln. Alle Formen von Magie wurden in Israel mit höchstem Argwohn betrachtet und verpönt. Deshalb ist die entscheidende Frage: In wessen Namen, in wessen Autorität handelt ein Exorzist? Bedient er sich der Heilungssprüche Salomons, und damit des Gottes Israels, oder geschieht der Exorzismus im Namen eines Gegen- oder Fremdgottes? Letzteres wurde Jesus von den Experten aus Jerusalem unterstellt. Als Exorzist im Namen eines Fremdgottes agieren, bedeutet soziale Ächtung bis zum Todesurteil!

Wie reagiert Jesus darauf? Sein erstes Argument zeugt von pfiffiger Alltagsweisheit. Man kann den Ausspruch vom Reich und von der Familie, die in sich gespalten ist und deshalb nicht bestehen kann, nur verstehen, wenn man sich auf die Seite der Gegner stellt. Sie sind überzeugt: Es gibt ein Reich des Bösen. Sie waren sich sicher, Jesus sei ein Agent dieses Reiches. Jesus kontert ganz einfach: Wenn das Reich des Bösen gegen sich selbst kämpfen würde, dann könnte es dieses Reich gar nicht geben! Und ihr seid doch davon überzeugt, dass es dieses Reich gibt! Jede soziale Ordnung, ob Familie oder Reich, kann nur bestehen, wenn man sich nicht gegenseitig zugrunde richtet. Mit dieser Replik zeigt Jesus auf, wie widersprüchlich die Argumentation seiner Gegner ist.

Das zweite Argument Jesu ist ganz anders geartet, denn in einem kunstvollen Text-Teppich wie dem heutigen Evangelium werden einzelne Jesusworte oft nach Stichwortverbindungen ineinander verwoben und zu einer exemplarischen Erzählung verdichtet. Das Bild von der Fesselung des Stärkeren und von der Plünderung des Hausrats ist vermutlich nicht an die Gegner gerichtet, sondern an seine eigenen Anhänger. Denn sie bewundern ihn für seine Exorzismen. Sie staunen, wie Menschen plötzlich frei werden, indem er die bösen Geister bannt und hinauswirft. Ihnen sagt Jesus: Starrt nicht nur auf die geplünderte Ware, das heißt, auf die befreiten Kranken und Besessenen, sondern bedenkt, das die Befreiung nur geschehen kann, wenn zuvor der Stärkere gefesselt worden ist. Erst dann kann man ihm seine Beutestücke entreißen.

Damit spielt Jesus auf etwas an, was viele Ausleger für seine Berufungsvision halten, nämlich seine Aussage: „Ich sah den Satan wie einen Blitz vom Himmel fallen" (Lk 10,18). Der Satan ist noch im Buch Ijob der Ankläger der Menschen vor dem Thron Gottes. Doch Jesus sagt: Der Satan hat im Himmel nichts verloren, er ist besiegt. In der gängigen Zwei-Stockwerke-Vorstellung der Apokalyptik, in der auch Jesus dachte, bedeutet das: Was oben passiert, hat unten seine Auswirkungen. Der Satan tobt sich auf der Erde aus, ist aber im Grunde schon besiegt. Diese Vision Jesu vom Himmelssturz des Satans war vielleicht der Durchbruch zu seinem Bild von Gott als reine Güte, Barmherzigkeit und Verzeihung. Im Namen dieses Gottes hat er Macht über die Dämonen. Bei seinem Abba gibt es keinen Satan. Deshalb kann er so handeln. Er sagt seinem engsten

Kreis: Bewundert also nicht meine Machttaten, sondern bewundert und preist Gott, der hinter mir steht und in dessen Kraft ich handle.

Aus diesem Grund fügt sich in unseren Text der Ausspruch ein: „Alle Vergehen", das sind Sünden im interpersonalen Bereich, „und alle Lästerungen", das sind Sünden gegenüber Gott, „werden den Menschen vergeben werden." Jesus ist mit allen Fasern überzeugt: Gott ist reine Güte und diese Güte ist bedingungslos. Aber – und das ist die Sünde wider den Heiligen Geist – wenn ihr mir absprecht, dass ich im Namen dieses Gottes agiere, dann kann euch nicht vergeben werden. Dann verbaut ihr euch das selbst. Wer sich nicht vergeben lässt, dem ist nicht zu helfen! Hier knüpft der Text wieder an den Beelzebul-Vorwurf an, weil sich Jesus gegen den Vorwurf verwahrt, im Namen eines Fremdgottes zu handeln. Seine Machttaten sind Ausdruck seiner innigen und einzigartigen Beziehung zum Gott Israels.

Im letzten Teil des heutigen Textes tritt nochmals die Familie auf. Sie steht, wieder feinsinnig verwoben, „draußen". Drinnen im Haus befindet sich Jesus mit seiner neuen Familie. Die Herkunftsfamilie will ihn herausrufen lassen. Das lässt er nicht zu, sondern stellt in aller Klarheit fest: „Wer den Willen Gottes tut, der ist für mich Bruder und Schwester und Mutter." Der gehört zu mir! Jesus sagte schon als Zwölfjähriger nach Lukas: Ich gehöre zum Haus meines Vaters. Mit ihm bin ich mehr verbunden als mit meiner Ursprungsfamilie (vgl. Lk 2,41-51). In unserem Evangelienabschnitt macht er deutlich: Wer den Willen Gottes befolgt, der gehört zu meiner Familie.

Markus hat mit dieser Erzählung einen kunstvoll gewebten Teppich geknüpft. Was ist die Botschaft für uns heute? Wir gehören zu Familien, wir gehören zu einem Staat, wir gehören zu einer Sprach- und Kulturgemeinschaft, aber letztlich gehören wir zum Haus Gottes. Dieses Haus ist nicht ein Tempel als Bau, sondern – mit Paulus gesprochen – ihr selbst, euer Leib, ist der Tempel Gottes. In euch wohnt Gott (vgl. 1 Kor 3,16.17).

Lassen wir uns diese Botschaft noch einmal poetisch sagen. Dem jungen Friedrich von Hardenberg, mit Künstlernamen „Novalis", starb seine fünfzehnjährige Verlobte. Novalis war ein universaler Geist, der eine Art Universalpoesie anstrebte und als evangelischer Christ sehr dem Katholizismus zugeneigt war. Er hat ein berühmtes Mariengedicht geschrieben, in dem er in Maria gleichsam die weibliche Seite Gottes besingt:

Ich sehe dich in tausend Bildern,
Maria, lieblich ausgedrückt,
Doch keins von allen kann dich schildern,
Wie meine Seele dich erblickt.

Ich weiß nur, daß der Welt Getümmel
Seitdem mir wie ein Traum verweht,
Und ein unnennbar süßer Himmel
Mir ewig im Gemüte steht.

Darum geht es, meine lieben Mitchristen, diesen „unnennbar süßen Himmel", das Haus Gottes, in unserer Seele zu entdecken und zu pflegen.

DIE KRAFT DES WORTES GOTTES

Mk 4, 26-34 11. Sonntag

In jener Zeit sprach Jesus: Mit dem Reich Gottes ist es so, wie wenn ein Mann Samen auf seinen Acker sät; dann schläft er und steht wieder auf, es wird Nacht und wird Tag, der Samen keimt und wächst und der Mann weiß nicht, wie. Die Erde bringt von selbst ihre Frucht, zuerst den Halm, dann die Ähre, dann das volle Korn in der Ähre. Sobald aber die Frucht reif ist, legt er die Sichel an; denn die Zeit der Ernte ist da.
Er sagte: Womit sollen wir das Reich Gottes vergleichen, mit welchem Gleichnis sollen wir es beschreiben? Es gleicht einem Senfkorn. Dieses ist das kleinste von allen Samenkörnern, die man in die Erde sät. Ist es aber gesät, dann geht es auf und wird größer als alle anderen Gewächse und treibt große Zweige, sodass in seinem Schatten die Vögel des Himmels nisten können.
Durch viele solche Gleichnisse verkündete er ihnen das Wort, so wie sie es aufnehmen konnten. Er redete nur in Gleichnissen zu ihnen; seinen Jüngern aber erklärte er alles, wenn er mit ihnen allein war.

Diese beiden kurzen Gleichnisse bilden den dritten und abschließenden Teil des Gleichniskapitels bei Markus. Jesus lehrt vom Boot aus vor vielen Menschen am See. Er beginnt mit dem Gleichnis vom Sämann, der aussät, aber drei Viertel des Samens fällt daneben. Dann Szenenwechsel: Jesus erklärt nur seinen Jüngern den Sinn der Gleichnisse, besonders bei dem vom Sämann. Er spricht über die innere Aufnahmebereitschaft der Menschen. Der Acker des Herzens ist mit dem äußeren Ackerfeld vergleichbar. Es gibt auch im Menschen nur einen begrenzten Bereich, der den Samen des Wortes Gottes aufnimmt und Frucht bringt.

Bei unseren beiden Gleichnissen redet Jesus wieder öffentlich zur Menge. Die Gleichnisse vom Senfkorn und von der selbstwachsenden Saat bilden einen Gegenakzent zum Eingangsgleichnis. Dort muss der Sämann aussäen. Er tut seine mühselige, zum Teil erfolglose Arbeit. Hier aber hat der Sämann seine Arbeit bereits getan. Er kann schlafen. Das Wachstum geht „von selbst" vor sich, griechisch „automate", also automatisch, ohne sein Zutun. Erst bei der Ernte muss er wieder aktiv werden. Er scheint nicht allein zu arbeiten. Im Urtext heißt es: „Er sendet die Sichel aus." Da sind offenbar mehrere Mitarbeiter am Werk. Insgesamt hinterlässt dieses Gleichnis den Eindruck: keine Mühe, kein Eingreifen, schlafen, aufstehen und die Saat von selbst reifen und Frucht bringen lassen. Wir ahnen, was Jesus sagen damit will. Im Bild der selbstwachsenden Saat redet er vom geheimnisvollen Wirken Gottes. Das bedeutet: Alles menschliche Bemühen, alle Erfolgslosigkeit, aber auch alles Gelingen ist getragen von der Wirkkraft Gottes. Jesus fordert dazu auf, dem Wirken Gottes mehr zu vertrauen als unserem Tun.

Jesus erzählte die beiden Gleichnisse der Menge so, dass es die Leute verstehen konnten. So hat der Rabbi Jesus zu seiner Zeit geredet. In leicht verständlichen Bildworten aus dem Alltag hat er die Menschen mit ihrer Lebenswelt vor Gott gestellt. Im Gleichnis vom Senfkorn fügt er noch einen weiteren Aspekt zum Gott-Mensch-Verhältnis hinzu. In diesem Gleichnis kommt überhaupt kein Mensch vor. Im Mittelpunkt steht ein winziges Senfkorn. Es wuchs in Israel als Unkraut auf den Feldern. Man konnte ihm kaum Herr werden. In Griechenland galt die Senfstaude als Gartengewächs, das bis zu zweieinhalb Meter hoch werden konnte. Das Senfkorn, am Anfang ganz klein und am Ende ein großes, unverwüstliches Gewächs auf dem Acker!

Worum geht es hier? Im Naturgeschehen offenbart sich das Handeln Gottes, wie Jesus es vor Augen hat. Gott wird einen kleinen Anfang zu einem überwältigenden Ende führen. Die Senfstaude wird zu einem kleinen Weltenbaum auf dem Lebensacker. Wenn das Gleichnis von der selbstwachsenden Saat von unserem mitwirkenden Vertrauen spricht, so spricht das Senfkorngleichnis von einer grenzenlosen Hoffnung. Von dieser Hoffnung war das ganze Wirken Jesu getragen.

Worum ging es ihm? Durch alle Gleichnisse und Unterweisungen zieht sich das Bild vom Samen. „Same" ist in der Bibel eine vorgeprägte Metapher für das Wort Gottes. Für dieses Bildmotiv gibt es zwei aufschlussreiche Parallelstellen. Paulus schreibt seiner Gemeinde in Korinth: „Ich habe gepflanzt, Apollos hat begossen, Gott aber ließ wachsen" (1 Kor 3,6). Das schier unglaubliche Wachstum der Gemeinde von Korinth hat Gott bewirkt. Paulus, der Gründungsmissionar, und Apollos, der nach ihm kam, haben lediglich Zubringerdienste geleistet.

Schauen wir noch in das Gespräch Jesu mit der Samariterin im Johannesevangelium. Bei dieser Begegnung am Brunnen gewinnt der Dialog immer mehr an Tiefe, so dass sich Jesus dieser Frau als Messias offenbaren kann. Die Frau stürmt zurück ins Dorf und sagt ihren Landsleuten: „Kommt her, seht, da ist ein Mensch, der mir alles gesagt hat, was ich getan habe: Ist er vielleicht der Christus?" (Joh 4,29). Diese namentlich nicht genannte Samariterin ist Missionarin wie Paulus und Apollos. Sie erzählt von sich, von ihrer Begegnung mit Jesus und verkündet ihn ihren Landsleuten als den Messias.

Inzwischen kehren die Jünger zurück. Sie waren im Dorf, um Essen zu kaufen. Jesus redet sehr geheimnisvoll zu ihnen: „Erhebt eure Augen und seht, dass die Felder schon weiß sind zur Ernte!" (Joh 4,35). Der Sämann und der Schnitter können sich gemeinsam freuen. „Ich habe euch gesandt zu ernten, wofür ihr euch nicht abgemüht habt" (Joh 4,38). Wieder wird eine missionarische Situation reflektiert, vermutlich die Erfahrung, dass der versprengte Kreis der Hellenisten um Stephanus nach dessen Steinigung in Samarien Aufnahme fand und der Glaube an Jesus als Messias dort Wurzeln schlug. Die als Häretiker beargwöhnten Samariter waren die Brücke für die spätere Heidenmission in den Städten an der Mittelmeerküste. Ein unerwartetes Wachstum, hinter dem Gott stand! In diesen Anfangserfolgen blitzte für die Urgemeinde eine gewaltige Hoffnung auf. Und die Strahlkraft dieser Hoffnung bestätigte, dass das Wort Gottes aus sich heraus wirkt.

Welche Botschaft liegt darin für uns heute? In unserem Land wird viel geklagt: In der Kirche ebbt alles ab. Die Zahl der Gottesdienstbesucher wird immer kleiner. Die junge und mittlere Generation bleibt fern. Die Kirche hat einen riesigen Verwaltungsapparat aufgebaut. Um- und Neustrukturierungen werden geplant und wieder verworfen. Bei all dem fragt man sich: Glauben wir in der deutschen Kirche, dass Gott heute noch am Werk ist? Dass er in den Herzen der Menschen wohnt und immer schon da ist? Wir sind in einer Machermentalität gefangen, die meint, alles von oben strukturieren zu müssen. Dabei geht Wesentliches verloren. Der missionarische Schwung und die Begeisterung bleiben auf der Strecke, weil die Überorganisation so viel lähmt. Entscheidend ist doch das tiefe Vertrauen, dass Gott wirkt und wir nur Mitwirkende sind. Mit dem ganzen Aktionismus bewegen wir nichts, sondern bleiben auf einem Berg von verschleppten Reformen sitzen, weil uns die Angst vor Veränderung blockiert.

Die Gleichnisse Jesu halten uns den Spiegel vor. Sie fordern uns heraus, an das Evangelium zu glauben. Sie rufen uns dazu auf, in die Tiefe zu gehen, unsere Mitte zu finden, was uns gelassen und zugleich aktiv sein lässt. Sie rufen uns dazu auf, so manches laute Tagesgeschrei an uns vorüberziehen zu lassen, weil wir im Glauben fest stehen und verwurzelt sind. Es gibt im Grunde nur eines, worum wir besorgt sein müssen, nämlich der Appell an jeden von uns: Lebe das Evangelium! Lebe das, was du verstanden hast, nicht mehr und nicht weniger! Strahle den Glanz des Evangeliums aus, so dass du andere zum Fragen und Nachdenken bringst und andere in Freiheit zum Glauben animierst wie die Samariterin! Lebe in der Hoffnung, dass aus dem Kleinen und Unscheinbaren etwas Großes werden kann! Lebe im Vertrauen, dass Gott immer und überall am Werk ist! Sagen wir es mit Don Bosco: „Gutes tun, fröhlich sein, und die Spatzen pfeifen lassen.“ Mehr braucht es nicht.

IM GLAUBEN BERÜHRT SEIN UND AUFERSTEHEN

Mk 5, 21-43 13. Sonntag

Jesus fuhr wieder ans andere Ufer hinüber und eine große Menschenmenge versammelte sich um ihn. Während er noch am See war, kam einer der Synagogenvorsteher namens Jaïrus zu ihm. Als er Jesus sah, fiel er ihm zu Füßen und flehte ihn um Hilfe an; er sagte: Meine Tochter liegt im Sterben. Komm und leg ihr die Hände auf, damit sie geheilt wird und am Leben bleibt! Da ging Jesus mit ihm.
Viele Menschen folgten ihm und drängten sich um ihn. Darunter war eine Frau, die schon zwölf Jahre an Blutfluss litt. Sie war von vielen Ärzten behandelt worden und hatte dabei sehr zu leiden; ihr ganzes Vermögen hatte sie ausgegeben, aber es hatte ihr nichts genutzt, sondern ihr Zustand war immer schlimmer geworden. Sie hatte von Jesus gehört. Nun drängte sie sich in der Menge von hinten heran und berührte sein Gewand. Denn sie sagte sich: Wenn ich auch nur sein Gewand berühre, werde ich geheilt. Und sofort versiegte die Quelle des Blutes und sie spürte in ihrem Leib, dass sie von ihrem Leiden geheilt war. Im selben Augenblick fühlte Jesus, dass eine Kraft von ihm ausströmte, und er wandte sich in dem Gedränge um und fragte: Wer hat mein Gewand berührt? Seine Jünger sagten zu ihm: Du siehst doch, wie sich die Leute um dich drängen, und da fragst du: Wer hat mich berührt? Er blickte umher, um zu sehen, wer es getan hatte. Da kam die Frau, zitternd vor Furcht, weil sie wusste, was mit ihr geschehen war; sie fiel vor ihm nieder und sagte ihm die ganze Wahrheit. Er aber sagte zu ihr: Meine Tochter, dein Glaube hat dich gerettet. Geh in Frieden! Du sollst von deinem Leiden geheilt sein.
Während Jesus noch redete, kamen Leute, die zum Haus des Synagogenvorstehers gehörten, und sagten: Deine Tochter ist gestorben. Warum bemühst du den Meister noch länger? Jesus, der diese Worte gehört hatte, sagte zu dem Synagogenvorsteher: Fürchte dich nicht! Glaube nur! Und

er ließ keinen mitkommen außer Petrus, Jakobus und Johannes, den Bruder des Jakobus. Sie gingen zum Haus des Synagogenvorstehers. Als Jesus den Tumult sah und wie sie heftig weinten und klagten, trat er ein und sagte zu ihnen: Warum schreit und weint ihr? Das Kind ist nicht gestorben, es schläft nur. Da lachten sie ihn aus. Er aber warf alle hinaus und nahm den Vater des Kindes und die Mutter und die, die mit ihm waren, und ging in den Raum, in dem das Kind lag. Er fasste das Kind an der Hand und sagte zu ihm: Talita kum!, das heißt übersetzt: Mädchen, ich sage dir, steh auf! Sofort stand das Mädchen auf und ging umher. Es war zwölf Jahre alt. Die Leute waren ganz fassungslos vor Entsetzen. Doch er schärfte ihnen ein, niemand dürfe etwas davon erfahren; dann sagte er, man solle dem Mädchen etwas zu essen geben.

Zunächst eine philologische Beobachtung, die man in der Übersetzung nicht wahrnimmt: Im Griechischen ist die ganze Leidensgeschichte der blutflüssigen Frau und ihr Herannahen an Jesus in sieben Partizipien geschildert. Erst das Berühren seines Gewandes ist ein Verb. Partizipien sind Mittelwörter, die zu einer Haupthandlung hin vermitteln. Verben sind Tun- oder Tätigkeitswörter. Markus will damit zum Ausdruck bringen: Alles, was bisher geschah, mündet in diese Berührung. Deshalb wollen wir sie näher anschauen.

Bei seiner großen Berufungsvision sieht der Prophet Jesaja (vgl. Jes 6,1-13) sich in einen Riesentempel versetzt. Der Herr saß auf dem Thron „und die Säume seines Gewandes füllten den Tempel aus". Matthäus und Lukas schildern die Berührung in unserer Szene genauer: Sie „berührte den Saum seines Gewandes" (Mt 9,20; Lk 8,44). In der Jesaja-Stelle ist der Saum des Gewandes Ausdruck der überwältigenden Nähe Gottes, die der Prophet erfahren hatte. Der Prophet Sacharja schildert diese Nähe Gottes in der Endzeit. Alle Völker strömen nach Jerusalem. „In jenen Tagen

2020

werden zehn Männer aus Nationen aller Sprachen einen Mann aus Juda an seinem Gewand fassen, ihn festhalten und sagen: Wir wollen mit euch gehen; denn wir haben gehört: Gott ist mit euch" (Sach 8,23).

Was tut die Frau in unserer Geschichte? Sie sucht Heilung durch die Berührung des Gewandes Jesu. Dass von manchen Menschen Heilkraft ausströmt, ist eine Erfahrung von der Antike bis heute. Doch auf dem Hintergrund der biblischen Tradition geschieht hier viel mehr. Diese Frau sucht nicht bloß körperliche Heilung, sie sucht Heil. Denn sie hat Jesus als Heiland und Messias erkannt. Deshalb reagiert Jesus sofort. Zu Beginn seines öffentlichen Auftretens hatte er proklamiert: Das Reich Gottes ist nicht einfach nur nahe, es muss auch vom Menschen ergriffen werden. Die Frau hat das mit dem Berühren seines Gewandes erfasst. Und Jesus spürt, dass in dieser Berührung seine Grundbotschaft bei der blutflüssigen Frau angekommen ist. Glauben heißt, das nahe Heil berühren, ja, ergreifen!

Die Geschichte dieser chronisch kranken Frau ist in einer Schachtelerzählung mit einer anderen Geschichte verwoben, nämlich von Jairus und seiner zwölfjährigen Tochter. Auch Jairus, als Synagogenvorsteher eine Respektsperson, geht aktiv auf Jesus zu und bittet ihn flehentlich um Hilfe, weil sein Töchterchen dem Tod nahe ist. Eine Situation, die noch zugespitzter ist: Es geht nicht um Krankheit, sondern um Tod. Da können Menschen nichts mehr machen. Die Botschaft der Geschichte: Selbst in absoluter Hilflosigkeit kann man Heil erfahren, wenn man inständig darum bittet. Der Glaube hat diese beiden Aspekte: Wir müssen aktiv zugreifen, aber – geistlich gesprochen – mit offenen Händen. Wo wir mit unserem Tun am Ende sind, müssen wir uns Gott anheimgeben.

Doch schon im aktiven Tun muss mitschwingen, dass wir uns in allem, was geschieht, ganz und gar dem Willen Gottes überlassen.

Das Bronzerelief auf unserem Gemeindealtar stellt eine Szene aus dem heutigem Evangelium dar: Im Zimmer, in das Jesus nur die drei Jünger mitnimmt, kniet auf der linken Seite die Mutter des Mädchens. Sie hat flehentlich die Hände gefaltet. Der Vater daneben hat beide Arme über der Brust gekreuzt. Beide Gesten sagen: Wir können nichts mehr tun, wir müssen das Gott überlassen. Im Zentrum des Reliefs die Hand Jesu. Sie ergreift die Hand der jungen Frau, die sich in diesem Moment aufrichtet. Das ist ins Bild gefasste Glaubenserfahrung: Ich kann mich aufrichten, ich kann auferstehen, nicht aus eigener Kraft, sondern durch die Hand des Auferstandenen.

Markus hat hier zwei ineinander verwobene Glaubensgeschichten gestaltet. Was bedeutet hier „Glauben"? Schauen wir noch einmal auf die Berührung durch die blutflüssige Frau. Ich erinnere Sie in diesem Zusammenhang an das biblische Buch Rut. Noemi, eine Jüdin aus Betlehem, war mit ihrem Mann und den zwei Söhnen ins heidnische Moab ausgewandert. Ihre beiden verheirateten Söhne und ihr Mann waren inzwischen gestorben. Darum zieht es sie wieder zurück in die Heimat. Eine ihrer beiden Schwiegertöchter, Rut, bleibt bei ihr. Noemi will, dass ihre Schwiegertochter wieder einen Mann findet, heiratet und versorgt ist und fädelt es geschickt ein. Sie berät Rut, wie sie sich an Boas, einen älteren Verwandten, der sie in Schwagerehe heiraten müsste, heranmachen kann. Sie soll sich auf der Tenne, wo Boas nach den Erntearbeiten schlafen wird, zu seinen Füßen legen. So geschieht es auch. Boas wacht in der Nacht auf und merkt, dass eine Frau zu seinen Füßen liegt. Er beugt sich vor und fragt: „Wer bist du?" Rut antwortet: „Ich bin

Rut, deine Magd. Breite doch den Saum deines Gewandes über deine Magd" (Rut 3,9). Eine mutige erotische Einladung – und sie funktioniert. Boas heiratet Rut.

Auch unsere Heilungsgeschichte ist eine Mann-Frau-Begegnung. Überraschend ist: Da drängen sich viele Leute an Jesus heran und gerade diese Berührung will er wahrgenommen haben? Die Jünger reagieren verwundert. Jesus will wissen: „Wer hat mein Gewand berührt?" Offenbar hat es bei dieser Berührung „gefunkt". Denn im Griechischen hat das Wort „berühren" den Beiklang von „entfachen". Da wird Energie freigesetzt. Da fließt etwas, was die Griechen „dynamis" nennen. Von dem Mann Jesus geht eine Dynamik aus, eine geballte Heilkraft, die auf die blutflüssige Frau überfließt. Das ist ganzheitlicher Glaube, Glaube, der durch alle Schichten des Menschen dringt. Die Kraft Jesu bewirkt die körperliche Heilung. Der Blutfluss ist gestoppt. Bei unheilbar Kranken kann diese Heilkraft als aufbauender, innerer Trost wie ein Quell aufbrechen und den Kranken durchströmen, eine Tröstung, die sich speist aus dem tiefen Wissen um die Nähe des Auferstandenen – und das ist Glaube.

Wie können wir Jesus nahe sein? Wir können ihn ja nicht mehr physisch berühren. Dazu eine weitere philologische Beobachtung: Der zentrale Gestus auf unserem Relief – „Er fasste das Kind an der Hand" – ist im Griechischen wiederum mit einem Partizip ausgedrückt. Das Verb, auf dem das Gewicht der Aussage liegt, lautet: „…und sagte zu ihm (dem Mädchen)." Der entscheidende Satz Jesu war für Markus so wichtig, dass er den aramäischen Urtext überliefert hat: „Talita kum!" „Mädchen, ich sage dir steh auf!"

Wir nähern uns Jesus heute über das Wort des Evangeliums. Deshalb wird das Evangeliar feierlich zum Ambo getragen und hochgehalten. Wie können wir ihm nahekommen? Die letzten zwei der sieben Partizipien in der Erzählung von der blutflüssigen Frau lauten wörtlich „hörend über ihn" und „kommend in der Menge". Im Kapitel vorher hatte Jesus gesagt: „Wer Ohren hat zum Hören, der höre!" (Mk 4,9). Hören kann etwas Hochaktives und Heilsames sein. Denn durch wahres Hören kann der Samen des Wortes Gottes auf unseren Herzboden fallen und hundertfältige Frucht bringen. Das richtige Hören erwächst aus der Hinwendung zu Christus. Und diese innere Hinbewegung zu ihm ist unser Anteil am Glauben. Die Berührung durch seinen Geist ist die Antwort des Auferstandenen, die wie ein inwendiger Kraftstrom uns erfüllen kann. Ein solcher Jesuskontakt macht uns heil. Wir können nur bitten: Herr, hilf uns zu flehen wie Jairus! Hilf uns, das nahe Heil in deinem Wort, in Begegnungen, im Schweren und im Schönen zu ergreifen! Lass uns dich berühren und lass uns von dir berührt, ja, ergriffen werden! Verwandle uns, damit wir täglich als Auferstandene leben!

DAS WUNDER DER HOFFNUNG

Mk 6, 1-6a 14. Sonntag

Von dort brach Jesus auf und kam in seine Heimatstadt; seine Jünger folgten ihm nach. Am Sabbat lehrte er in der Synagoge. Und die vielen Menschen, die ihm zuhörten, gerieten außer sich vor Staunen und sagten: Woher hat er das alles? Was ist das für eine Weisheit, die ihm gegeben ist! Und was sind das für Machttaten, die durch ihn geschehen! Ist das nicht der Zimmermann, der Sohn der Maria und der Bruder von Jakobus, Joses, Judas und Simon? Leben nicht seine Schwestern hier unter uns? Und sie nahmen Anstoß an ihm. Da sagte Jesus zu ihnen: Nirgends ist ein Prophet ohne Ansehen außer in seiner Heimat, bei seinen Verwandten und in seiner Familie. Und er konnte dort keine Machttat tun; nur einigen Kranken legte er die Hände auf und heilte sie. Und er wunderte sich über ihren Unglauben.

Wenn Sie im Museum ein Gemälde besonders anspricht, werden Sie sich Zeit lassen, von der Nähe die Details genau anschauen und sich in das Kunstwerk vertiefen. Doch empfiehlt es sich, ein Gemälde auch aus mittlerer Distanz und aus der Ferne auf sich wirken zu lassen. Dann erst kann man Bau- und Strukturprinzipien, Symmetrien und Asymmetrien erkennen. Der Blick auf das Ganze interpretiert das Detail und umgekehrt. Was für ein Gemälde gilt, gilt auch für einen literarischen Text und das Evangelium.

Heute möchte ich unser Sonntagsevangelium aus der Ferne mit Ihnen anschauen. Die sechs Verse stehen am Anfang des 6. Kapitels bei Markus. Im 1. Kapitel proklamiert Jesus seine Grundbotschaft von der Nähe der Gottesherrschaft und beruft die ersten Jünger. Danach folgt in der Synagoge von Kafarnaum eine Szene, die mit unserer vergleichbar ist. Nach der Predigt Jesu waren die Menschen ergriffen und fasziniert. Dann eine spektakuläre Machttat: Aus einem Besessenen fährt der böse Geist aus. Ähnlich und doch ganz anders die heutige Szene: Auch in der Synagoge von Nazareth staunen die Landsleute Jesu über seine Predigt. Doch von Wunder keine Spur. Das Blatt hat sich gewendet. Bei seinen Landsleuten schlägt ihm Unglauben entgegen. In Kafarnaum ging es verheißungsvoll weiter. Er heilte die Schwiegermutter des Petrus. Am Ende des Sabbat strömten die Leute zusammen und er heilte viele. Die Leute hätten ihn am liebsten bei sich behalten, doch er musste weiterziehen.

Im 2. Kapitel berichtet Markus von fünf dramatischen Szenen, meist Streitgesprächen. Jesus stößt mit seiner Verkündigung, mit seinen Wundern, überhaupt mit seinem ganzen Auftreten auf massiven Widerstand. Am Anfang des 3. Kapitels tun sich die Anhänger des Landesherrn und die Pharisäer zusammen. Sie wollen ihn aus dem Weg räumen. Sein gewaltsamer Tod ist beschlossene Sache. Trotzdem: Der Zulauf wird noch stärker. Die Menschen, die Kranken, besonders die Besessenen, sogar Leute aus dem Heidenland strömen ihm zu. Er wählt zwölf Männer aus, die als neue Stammväter seinen Anspruch auf Gesamtisrael symbolisieren. „Er machte die Zwölf" (Mk 3,13), heißt es im Urtext. Sie bilden den inneren Kreis, der als neue Familie zum ihm gehört. Das Motiv, wer zu ihm gehört und wer nicht, wird weitergeführt. Am Ende des 3. Kapitels eine provozierende Doppelszene: Seine Familie kommt. Die Mutter und die Brüder wollen ihn mit Gewalt nach Hause holen, denn sie glauben, er sei verrückt. Gleichzeitig kommen Schriftgelehrte aus Jerusalem. Ihre Einschätzung ist ähnlich. Allerdings fällen sie wegen seiner Fähigkeit als Exorzist ein theologisches Urteil, das für Jesus umso gefährlicher ist: Er stünde mit einem Fremdgott, mit dem Teufel, im Bund. Bezeichnend die Symbolik des Ortes in diesem Zusammenhang: Familie und Religiöse sind draußen und er im Haus. Zu den Menschen, die um ihn sind, sagt er: Die gehören zu mir. Dies ist meine wahre Familie. „Wer den Willen Gottes tut, der ist für mich Bruder und Schwester und Mutter" (Mk 3,35).

Den vielen Menschen, die zu ihm kommen, erzählt Jesus im 4. Kapitel Gleichnisse und erschließt ihnen, was seit Anfang der Schöpfung verborgen war. Seinen Jüngern erklärt er im Haus den Sinn der Gleichnisse. Offenbar will er die Seinen besonders schulen. Am Ende des 4. Kapitels überfällt die Jünger im Seesturm Panik und Angst bei der ersten Bewährungsprobe. „Warum habt ihr solche Angst? Habt ihr noch keinen Glauben?" (Mk 4,40), fragt er erstaunt. Das 5. Kapitel umfasst drei Heilungsszenen. Ein Besessener, der in Grabhöhlen bei Gerasa haust und dessen Dämonen in zweitausend Schweine hineinfahren, wird geheilt und verkündet im Heidenland, was Jesus für ihn getan hat. Danach die Heilung der blutflüssigen Frau und die Auferweckung der Tochter des Jairus. Daran schließt die Szene von heute an.

Wenn Sie den Erzählbogen, das bisherige Gesamtbild, bedenken, dann ist die Bilanz sehr ernüchternd. Jesus provoziert durch sein Reden und Handeln und bringt die Familie und die Religionsvertreter gegen sich auf. Was steckt hinter dem harschen Widerstand? Was steckt hinter der Mauer der Ablehnung vonseiten seiner Landsleute und vonseiten der Schriftgelehrten?

Sowohl die Familie wie die Pharisäer beachten letztlich nicht das erste und wichtigste Gebot Israels. Sie haben ihre festen Vorstellungen von Gott und seinem Messias. Es war in Israel streng untersagt, von Gott ein geschnitztes Bild zu machen. Ein fest umrissenes Bild macht Gott dem Menschen verfügbar. Der Gott Israels gab zwar dem Volk die Zusage „Ich werde für euch da sein", doch er bestimmt, wie er auf die Menschen zugeht. Gott bleibt bei aller Nähe Geheimnis. Wenn Gott Geheimnis ist, dann ist es auch sein Ebenbild, der Mensch, und erst recht der Messias Gottes. Der Familienclan und die offiziellen Vertreter der Religion erlagen der Gefahr, Jesus in ein vorgefertigtes Messiasbild zu zwängen.

Die griechische Mythologie schildert diesen Sachverhalt auf sehr drastische Weise. Der Riese Prokrustes hatte in der Nähe von Korinth eine Herberge. Er legte die Gäste in sein Bett. Wenn jemand zu groß gewachsen war, wurden ihm die Beine abgehackt. Wenn jemand zu klein war, wurde er gestreckt. Jeder musste in sein Bett passen. Meister Eckhart hat das auf der geistlichen Ebene sehr pointiert ausgedrückt: Gott gebrauchen, heißt, ihn töten. Wir können und dürfen Gott nicht vereinnahmen und auf unser Maß zurechtstutzen. Das Gleiche gilt für den Menschen und besonders für den Messias Gottes.

Zurück zu unserer Szene. In Nazareth gibt es keine spektakuläre Machttat wie in Kafarnaum, allerdings heißt es am Ende: „Nur einigen Kranken legte er die Hände auf und heilte sie." Schauen wir auf diese Heilungen auf dem Hintergrund des bisherigen Erzählverlaufs: Dem Jairus, der um das Leben seiner Tochter bangt, hilft Jesus. Die blutflüssige Frau, die zwölf Jahre lang leidet, heilt er ebenfalls. Sogar der Besessene von Gerasa findet in ein neues Leben. Es sind vor allem Kranke, Besessene und Leidende, die ihm anhängen. Mit Friedrich Nietzsche könnte man fragen: Ist das Christentum nicht eine Religion der Kranken und Schwachen, der Zu-kurz-Gekommenen, die nicht den Mut zum Übermenschen haben?

Der Blick auf das Gesamtevangelium hilft uns, das Anliegen Jesu besser zu verstehen. Nur im ersten Teil des Markusevangeliums gibt es Heilungen und Exorzismen. Nach Kapitel 8 ist es nur noch der blinde Bartimäus, der geheilt wird. Markus macht so durch sein Gesamtwerk deutlich: Die Heilungswunder sind nicht das Zentrale. Natürlich will ein Kranker gesund werden. Doch Jesus geht es um viel mehr. Er will die Menschen erleuchten, ihnen das Reich Gottes nahebringen. Er will sie zu Gott, dem Ursprung und Ziel allen Lebens, führen.

Betrachten wir dazu ein Detail aus dem letzten Sonntagsevangelium. Jesus geht in das Haus des Jairus und sagt: „Warum schreit und weint ihr? Das Kind ist nicht gestorben, es schläft nur. Da lachten sie ihn aus" (Mk 5,39). Dieses Gelächter ist erschütternd. Der, der Leben und Rettung bringt, wird ausgelacht. Doch das gellende Gelächter ist verständlich. Das Mädchen ist tot, mausetot. Im Lachen kann sich schiere Verzweiflung über Vergänglichkeit und Vergeblichkeit Luft machen. Wir tragen alle in uns die Sehnsucht nach erfülltem, nach ewigem Leben. Kranke spüren den Schmerz dieser unstillbaren Sehnsucht in besonderer Weise. Sie sind eingeschränkt oder ans Bett gefesselt, aber sie wollen leben, aufleben, sich entwickeln, fruchtbar sein wie alles Lebendige.

Die Sehnsucht nach Leben, das sich entfaltet und über sich hinausweist, ist letztlich die Sehnsucht nach Gott. Auf diese umfassende Sehnsucht reagierte Jesus. Dann können Wunder geschehen. Gott ist Ursprung und Ziel für das Ausschwingen unserer unstillbaren Sehnsucht nach Leben. Sie macht den Menschen erst zum Menschen. Diese Sehnsucht nach dem Gott des Lebens hat Jesus in Nazareth vermisst. Darum konnte er dort keine Wunder wirken, weil die Resonanz fehlte.

Blicken wir noch einmal auf den Gang der Erzählung bis zu unserer heutigen Stelle. Der heilige Augustinus sagte: Viele innerhalb der Kirche sind eigentlich draußen, und viele, die draußen sind, sind eigentlich drinnen. Im Gefolge der bisherigen Szenen ist jeder drinnen, der das Geheimnis Gottes und das Geheimnis jedes Menschen achtet und wahrt. Wer die unstillbare Sehnsucht nach Leben und Liebe in sich wahr sein lässt und entfaltet, lebt in der Nachfolge Jesu, weil er durch sein Leben dem Gott des Lebens und der Liebe vertraut.

Ein Schlussbild zum Ausblick: Nach der Ablehnung in Nazareth holt Jesus die Seinen zusammen und sendet sie zu zweit aus. Er überträgt ihnen seine Vollmacht zu heilen und zu verkünden. Jesus lässt sich nicht entmutigen. Im Gegenteil! Er weitet seinen Wirkungskreis aus und setzt ein Zeichen der Hoffnung. Auch Jesus hat an der Widerständigkeit seiner Umwelt gelitten, doch mit Leidenschaft wagt er immer wieder das Mögliche, sogar das Unmögliche. Sollten wir da nicht das Gleiche wagen: trotz Rückschlägen und Widerständen uns nicht entmutigen lassen, weiterwirken, immer wieder neu anfangen! Wer das tut, gehört zu ihm und lebt Nachfolge aus dem Wunder der Hoffnung.

CHRISTEN AUF SENDUNG

Mk 6, 7-13 15. Sonntag

Jesus zog durch die benachbarten Dörfer und lehrte. Er rief die Zwölf zu sich und sandte sie aus, jeweils zwei zusammen. Er gab ihnen Vollmacht über die unreinen Geister und er gebot ihnen, außer einem Wanderstab nichts auf den Weg mitzunehmen, kein Brot, keine Vorratstasche, kein Geld im Gürtel, kein zweites Hemd und an den Füßen nur Sandalen. Und er sagte zu ihnen: Bleibt in dem Haus, in dem ihr einkehrt, bis ihr den Ort wieder verlasst! Wenn man euch aber in einem Ort nicht aufnimmt und euch nicht hören will, dann geht weiter und schüttelt den Staub von euren Füßen, ihnen zum Zeugnis. Und sie zogen aus und verkündeten die Umkehr. Sie trieben viele Dämonen aus und salbten viele Kranke mit Öl und heilten sie.

Christsein heißt: das aufnehmen und weiterführen, was Jesus wollte. Unser Evangelien-Abschnitt ist eine Art Urszene von Weitergabe des Glaubens. Jesus schickt seine Leute aus. Sie sind in seinem Auftrag auf Sendung. Was er damals tat, gilt auch für uns. Auf den ersten Blick jedoch sind die Anweisungen an die Apostel für heute eine Fehlanzeige.

Wer kommt schon so abgerissen daher, wie es hier geschildert wird? Das tun selbst die radikalsten Jesus-Freaks und Ordensleute nicht. Schauen wir auf die inhaltliche Seite, was weitergegeben werden soll. Das Evangelium sagt: heilen und unreine Geister austreiben. Das eine besorgen die Ärzte, das andere überlassen wir den Psychiatern. Fehlanzeige auch hier! Bleibt eigentlich nur, die Menschen zur Umkehr zu rufen. Doch den Leuten immer nur sagen, was nicht okay ist bei ihnen, ist nicht gerade erfolgversprechend. Wozu sind wir dann gesandt, wenn diese Anweisungen der bleibende Urimpuls Jesu sind?

Sollte das, was Jesus wollte, nicht die Frohe Botschaft sein, die die Jünger weitertragen sollten? Das Wort „Evangelium" kommt hier nicht vor, aber es ist indirekt da. Es steckt in den Leuten, die Jesus aussendet. Die Art, wie er sie ausrüstet und wohin er sie schickt, ist Ausdruck der Frohen Botschaft. Wir müssen uns dieser sonderbaren Szene auf einer tieferen Textebene nähern.

Fangen wir bei der seltsamen Ausrüstung an. Den Wanderstab braucht man nicht nur zum Wandern, sondern auch, um sich gegen Räuber oder wilde Tiere zu verteidigen. Ansonsten gehen die Apostel nur mit dem Allernötigsten los. Vor allem haben sie nichts, um Geld oder Vorräte zu horten. Was sagt das aus? Jesus legt seinen Leuten ans Herz: Bringt euch selbst – und sonst nichts! *Du* bist die Botschaft!

In unsere heutige Sprache übersetzt: Der Grundimpuls Jesu für die Weitergabe der Botschaft heißt: Sei authentisch! „Sei, was du bist! Gib, was du hast!" (Rose Ausländer). Man kann sich hinter Titeln verschanzen, in Kleidern verstecken und nach außen Fassaden aufbauen. Jesu Herzensanliegen ist: Rede in allem von deinem Innersten! Sei ehrlich! Bringe dich selbst als Mensch und Christ, in dem die Frohe Botschaft lebt! Diese innere Haltung soll durch die äußere Ausrüstung zum Ausdruck kommen.

Eine zweite Beobachtung: Jesus sendet die Apostel in Zweiergruppen, in einer Urgemeinschaft. Er schickt sie nicht auf die Marktplätze, auch nicht in die Synagogen. In die Häuser sollen sie gehen. Dorthin, wo sich das normale Leben abspielt. Er sagt ihnen:

Bringt euch ein in die bestehenden Lebensgemeinschaften! Klopft dort an, wo die Menschen wohnen! Das ist ein waghalsiges Unternehmen: sich ohne alles auf den Weg machen und anklopfen. Da gehört schon Mut dazu. Die Hausbewohner werden sofort sehen, was für ein seltsamer Typ vor ihrer Türe steht. Er hat keine Vorratstasche, kann also kein Bettler sein. Er sieht auch nicht unbedingt wie ein Landstreicher aus. Wenn dann die Frage kommt, warum tust du das, ist schon die Brücke geschlagen, um vom Reich Gottes zu reden. Die Jünger werden von Jesus erzählen, der sie zu diesem Gottvertrauen animiert hatte; der selbst im Zauber dieser Gottesnähe lebte. Jesus wollte nur Eines: die Liebe Gottes zu den Menschen bringen.

Christliche Sendung ist bis heute: Gemeinschaft bilden, wo Menschen in Familien, in Vereinen, in Gruppen, am Arbeitsplatz leben. Dort etwas spürbar machen von einem neuen Miteinander. Man sollte nicht gleich von Gott reden. An diesem Wort haften viele falsche Vorstellungen. Der „Christ auf Sendung" sollte Gemeinschaft mit Tiefgang initiieren, in der jeder aufatmen kann. In solcher Atmosphäre kommt man automatisch auf die Gottesfrage zu sprechen. Dann können Christen Auskunft geben über den Grund ihrer Hoffnung.

Eine dritte Beobachtung: Jesus schickt die Apostel auf den Weg. Begebt euch auf Wanderschaft, sagt er. Das gilt über alle Zeiten hinweg. Der christliche Glaube ist ein Weg. Manche meinen, die christliche Wahrheit sei fest und unveränderlich. Die Lehre müsse nur in die Köpfe eingespeist werden. Nein! Das Christentum ist die Geschichte eines Lebenden, der im Auf und Ab der Geschichte mitgeht. Christus hat einen Prozess angestoßen. Die Apostel haben auf ihrer Missionsreise durch Galiläa bestimmt schöne und bereichernde Erfahrungen gemacht. Sie wurden aufgenommen und gewannen neue Freunde. Doch werden sie auch Enttäuschungen erlebt haben. Man zeigte ihnen die kalte Schulter, sie wurden abgewiesen, bedroht oder beschimpft.

Die Apostel stehen für uns alle. Jesus gab ihnen die Gewissheit mit: Ihr bringt etwas ganz Wichtiges. Vermittelt den Leuten: Ihr verpasst etwas, wenn ihr uns nicht aufnehmt. Wir haben euch etwas sehr Wertvolles zu geben. Für den Fall, dass die Leute das große Geschenk nicht annehmen, sagt Jesus den Boten: Ärgert euch nicht! „Schüttelt den Staub von euren Füßen" und geht weiter! Durch die unterschiedlichen Begegnungen lernen die Jünger dazu. Auf dem Weg sein heißt auch, nicht alles von vornherein selbst wissen, sondern mit und von anderen das Leben lernen. Stellen Sie sich einmal vor, heute würden Christen so dialogisch-offen mit anderen umgehen!

Das Wichtigste in unserem Text habe ich noch gar nicht entfaltet. Ich habe es anfangs nur gestreift. „Er rief die Zwölf zu sich", hieß es. Ich denke mir: Jesus hat jeden mit Namen gerufen, jeweils zwei zusammengespannt und sie mit einem Wort der Ermutigung losgeschickt. Monate vorher hatte er sie schon einmal gerufen. Sie sind bei ihm in die Schule gegangen. Sie haben auf ihn geschaut und ihm zugehört. Sie haben von ihm als Vorbild gelernt. Dieses Sich-Vertiefen in die Person Jesu, damals ganz real, heute durch das Wort des Evangeliums, ist die Mitte jeglicher Sendung. Pulsierende Mitte des Christseins ist bis heute, die Gesinnung und Lebensart Jesu zu erspüren und im Leben authentisch umzusetzen. Nur dann können wir seine Botschaft weitergeben. Deshalb bittet er: Übergib, überlasse dich mir! Alles Weitere mache ich mit dir. Eine alte Umschreibung für Christsein lautet, ein „alter Christus", ein „anderer Christus" zu sein. Der Christ und die Christin geben das, was in Jesus lebte, weiter: seinen Geist der Gottesnähe, des Vertrauens, der Hingabe an Gott und an seine Mitmenschen. Das sollten andere Menschen spüren.

Dieser sperrige Text hat auch heute Wesentliches zu sagen. Jesu Missionskonzept war trotz des Misserfolgs im Heimatland aufs Ganze sehr erfolgreich. Nach gut zweihundert Jahren war vermutlich ein Drittel der Bevölkerung des Römischen Reiches christlich. Im 3. Jahrhundert, als das Reich in die Krise kam, wurden die Christen zu Sündenböcken gemacht und verfolgt. Der große Theologe Origenes fragte sich in dieser Zeit, wie es kam, dass Menschen sich aus ihrer angestammten Religion herausgelöst und sich einer neuen Glaubensgemeinschaft angeschlossen hatten. Seine Antwort ist in einem Wort zusammengefasst: Es waren die Wunder.

Deshalb können wir uns vor den Heilungswundern, von denen unser Text spricht, nicht drücken. Was ist ein Wunder? Ein Wunder geschieht, wo wir mitten im Alltäglichen und Gewohnten spüren, da passiert etwas Ungewöhnliches und Außerordentliches, das uns auf Gott verweist. Für die äußere Wahrnehmung muss das gar nichts Besonderes sein. Das Wesentliche passiert innen. Im Fluss der Geschehnisse reißt plötzlich ein neuer Horizont auf. Uns geht auf, das Leben und die Welt sind mehr als banale, beschreibbare Abläufe. Diesen Mehrwert des Lebens wahrzunehmen, ist staunender Glaube über die Wunder Gottes. In diesem Sinn geschehen viele Wunder. Es gibt so vieles, worüber man sich wundern darf!

Stellen Sie sich vor, alle Christen würden dem nachleben, was Jesus im heutigen Evangelium den Aposteln programmatisch mit auf den Weg gibt: Alle wären authentisch, wären Menschen, die sich in Gottvertrauen und Liebe hineingeben in die Beziehung mit anderen! Da würde in Familien und Gruppen, da würde weltweit ein neuer Geist um sich greifen! Es wäre der Anfang einer verwandelten Welt! Das war der Traum Jesu. Wenn Christen ihren Glauben als Prozess sähen, der sie in einem offenen Dialog mit anderen näher zur Wahrheit führt, dann würden Wunder über Wunder geschehen! Das wäre die Zukunft: die Welt Gott entgegenführen, einem Gott, der sich in Christus ganz auf diese Welt eingelassen hat.

Diese alte, fremd anmutende Aussendungsrede passt auch in unsere Zeit. Jesus ermutigt uns, dass wir uns selbst geben, dass wir uns hineingeben in Beziehungen, dass wir uns mit anderen auf den Weg begeben und uns ihm und seinem Ruf übergeben. Dann wären wir Botinnen und Boten der Freude wie Jesus selbst!

WAHRER URLAUB

Mk 6, 30-34 16. Sonntag

Die Apostel versammelten sich wieder bei Jesus und berichteten ihm alles, was sie getan und gelehrt hatten. Da sagte er zu ihnen: Kommt mit an einen einsamen Ort, wo wir allein sind, und ruht ein wenig aus! Denn sie fanden nicht einmal Zeit zum Essen, so zahlreich waren die Leute, die kamen und gingen. Sie fuhren also mit dem Boot in eine einsame Gegend, um allein zu sein. Aber man sah sie abfahren und viele erfuhren davon; sie liefen zu Fuß aus allen Städten dorthin und kamen noch vor ihnen an. Als er ausstieg, sah er die vielen Menschen und hatte Mitleid mit ihnen; denn sie waren wie Schafe, die keinen Hirten haben. Und er lehrte sie lange.

Stellen wir uns vor, drei befreundete Ehepaare im Alter zwischen 55 und 70 treffen sich. Man sitzt auf der Veranda, erzählt und plaudert. Als Erstes geht es um die Kinder, danach um die Enkel, und dann kommt man auf den Lauf der Zeit zu sprechen, auf das, was sich in den letzten Jahrzehnten verändert hat. Dabei ist ein klagender Unterton unüberhörbar. Es ist alles nicht mehr so, wie es früher war. Die Stimmen und Beiträge wirbeln durcheinander. Plötzlich sagt eine Teilnehmerin: Reden wir doch bitte nicht durcheinander. Sammeln wir nacheinander die Symptome unserer Zeit. Ich schlage vor, wir vervollständigen den Satz „Viele Menschen heute sind …". Die Freunde gehen auf den Vorschlag ein.

Wie würden Sie den Satz „Viele Menschen heute sind …" zu Ende führen? Ich vermute, es wäre zu hören „… sind heute im Stress", „… sind gehetzt", „… sind ruhelos". Oder jemand würde sagen:

„Die hängen heute laufend am Handy, sind überinformiert, aber letztlich orientierungslos." Ich selbst höre von älteren Menschen: „Meine Kinder haben ein ungeheures materielles Sicherheitsbedürfnis. Dahinter steckt doch ein Gefühl von Unsicherheit." Eine alte Schauspielerin sagte mir: „In unserem Kulturbetrieb wird inzwischen mehr Wert gelegt auf Show und Effekte als auf wirkliche Qualität. Es ist alles auf den schönen Schein getrimmt." Eine andere Stimme sagte mir einmal: „Die soziale Kälte greift um sich. Schaut euch doch an, wie sich manche in der U-Bahn dazwischendrängen. Wer steht noch für einen älteren Menschen auf? Auch am Arbeitsplatz wird mit harten Bandagen gekämpft."

Schauen wir jetzt ins heutige Evangelium. Die Grundprobleme der Menschen bleiben sich irgendwie ähnlich. Jesus sagt den gestressten Jüngern: „Kommt mit an einen einsamen Ort, wo wir allein sind, und ruht ein wenig aus!" Als er jedoch die Not der Menschen sah, ihr Suchen und Fragen, da hatte er Mitleid. Mitleid, das ist tiefe Rührung, also das Gegenteil von sozialer Kälte. Jesus sieht, wie die Menschen sind: orientierungslos, verloren wie Schafe ohne Hirten. Darauf reagiert er in unserem Abschnitt, wo es heißt: „Und er lehrte sie lange." Er vermittelt Lebensweisheit, damals wie heute.

Unsere Stelle markiert den Abschluss der Jüngeraussendung und bildet die Brücke zur nachfolgenden Brotvermehrung. Schauplatz der Szene ist eine entlegene Gegend. Die Leute haben Hunger. Die Jünger, typisch auch für heute, wollen das Problem monetär lösen. Die Leute sollen weggehen und sich Essen kaufen. Jesus spielt seinen Jüngern mit feiner Ironie den Ball zurück: „Gebt ihr ihnen zu essen" (Mk 6,37). Auch das verstehen sie als rein ökonomischen Lösungsvorschlag. Sollen sie mit ihren 200 Denaren in den nächsten Ortschaften das Essen besorgen?

Ein Charakteristikum unserer Zeit ist, dass alles ökonomisiert wird. Dabei kommen Familie, Beziehungen und Werte als erste unter die Räder. In diese Situation hinein lautet die Botschaft Jesu: „Ruht ein wenig aus." „Ruhe" ist ein hochaufgeladenes Wort, das ins Geheimnis Gottes führt. Jesus wirbt als Lehrer göttlicher Weisheit und lädt ein: „Lernt von mir, ... und ihr werdet Ruhe finden für eure Seele" (Mt 11,29). Die Sabbatruhe ist für einen Juden das Ziel der ganzen Schöpfung. Gott „ruhte am siebten Tag, nachdem er das ganze Werk erschaffen hatte" (Gen 2,2). Der transzendente Schöpfer der Welt wohnt ein in seiner Schöpfung. Um das wahrzunehmen, braucht es die Ruhe des Herzens. Deshalb ist die Sabbatruhe für Israel so wichtig.

Es ist eine Sehnsucht unserer Zeit, die innere Mitte, die Ruhe des Herzens zu finden. Noch ein weiteres Signalwort unseres Textes passt in unsere Zeit: Jesus hatte „Mitleid" mit den vielen Menschen. Diese innere Regung ist mehr als das deutsche Wort „Mitleid" ausdrücken kann. Jesu Empfinden wäre wörtlich wiederzugeben mit: „Er war in seinen Gedärmen gerührt." Dahinter steht das hebräische Wort „rächäm", übersetzt „Gebärmutter", „Mutterschoß". An diesem Ort der Ur-Geborgenheit ist das Leben geschützt, umfangen und darf sich entwickeln. Im Gleichnis vom Barmherzigen Vater taucht dasselbe Verb an zentraler Stelle wieder auf. Der Vater „sah" den verlorenen Sohn „schon von Weitem kommen und er hatte Mitleid mit ihm" (Lk 15,20). Der Vater war im Innersten ergriffen. Auf dieses Verb trifft man auch beim barmherzigen Samariter. Als dieser den unter die Räuber Gefallenen sah, packte es ihn in den Gedärmen (vgl. Lk 10,33). Jesu Rede von Gott und von wahrer Menschlichkeit kreist immer wieder um dieses tiefe Mitgefühl, das dann zum Handeln führen sollte.

Als Lehrer der Weisheit will Jesus die Ruhe des Herzens vermitteln: „Ihr werdet Ruhe finden für eure Seele", wenn ihr von mir ein Zweifaches lernt: „Ich bin sanft", meist mit „gütig" übersetzt, und „von Herzen demütig" (Mt 11,29). Jesus vertraut auf die sanfte Kraft des Wassers, das stärker ist als Stein; und er beugt sich hinab bis zu den Kleinsten, zu den Kindern und Ausgegrenzten und begegnet ihnen auf Augenhöhe. Die Herzenshaltung Jesu ist Demut, ist der Mut, sich hinabzubeugen zu den Menschen, die gern übersehen werden. Die Weisheit der Märchen zeigt in eine ähnliche Richtung: Nicht die kommen ans Ziel, die groß auftrumpfen. Königliche Würde erlangen diejenigen, die kleine, oft unscheinbare Wesen am Rande des Weges wahrnehmen und sich von ihnen helfen lassen.

In unserem Evangelien-Abschnitt geht es um Wesentliches, ums Ganze. Die Szene lässt sich nicht reduzieren auf den Slogan „Mach mal Pause!". Auch „Verpatzter Urlaub!" wäre zu kurz gegriffen. In unserer Sprache steckt oft mehr als wir ahnen. Nehmen wir das Wort „Urlaub". Es bedeutet vom Ursprung her die „Erlaubnis" eines Feudalherrn, dass ein Untergebener für eine Zeitlang weggehen kann. Wie viele Zwingherren sitzen uns heute im Kopf und im Nacken! Was muss nicht alles erledigt werden! Wie sind wir heutzutage in die schnelle Abfolge unserer Termine eingezwängt! Wir regeln das mit dem Kopf und hören zu wenig auf unsere Gedärme, auf unser emotionales Gedächtnis. Viele kommen beim heutigen Tempo nicht mehr mit und fühlen sich abgehängt. „Urlaub" hieße, sich die Erlaubnis geben, von unseren Zwingherren Abstand zu gewinnen und wahre Erholung zu suchen. Die liefert nicht unbedingt der Hochglanzkatalog und das traumhafte Ferienziel. „Erholung" meint: Ich hole mir das Wesentliche, das, was Leib und Seele gut tut.

Das heutige Evangelium sagt uns sehr klar, worauf es wirklich ankommt, nämlich die Ruhe des Herzens zu finden. Große kulturelle Zeugnisse, Landschaften, Bewegung, frische Luft, Gemeinschaft mit anderen können etwas von dieser Ruhe vermitteln, manchmal sogar noch mehr in uns anstoßen: Wir werden im Innersten angesprochen oder sogar gepackt. Das ist kein süßlich-romantisches Gefühl, es ist das Gespür, dass mich etwas mit „sanftem Zwingen" (Novalis) ergreift, mich durchdringt, mich zu mir selbst führt.

Jesus war im Innersten gerührt, als er die Not der Menschen sah. Er hat, da sein Herz ganz in Gott ruhte, die tiefe Sehnsucht der Menschen nach der Geborgenheit in Gott wahrgenommen. Diesen Hunger wollte er in der Brotvermehrung stillen. Er wollte den Leuten „das Brot des Lebens" geben und sie nicht einfach abspeisen. Auch heute will man wie die Jünger alles ökonomisch lösen. Wenn die Handelsbilanz stimmt, wenn Vollbeschäftigung gegeben ist und die Wirtschaft läuft, wird der Eindruck erweckt, alles sei in Ordnung. Im Gegenteil! Die wahren Fragen beginnen dann erst.

Kehren wir in unsere anfängliche Runde zurück. Die drei Paare haben sich lange ausgetauscht und miteinander nachgedacht. Da sagt plötzlich ein früher vielbeschäftigter Manager, seit zwei Jahren pensioniert: „Wisst ihr, wo ich mich am meisten entspanne? – Wenn ich mit meinen Enkeln spiele. Ich glaube, ich hab das total verlernt in meinen vierzig Arbeitsjahren." Eine Frau greift das auf: „Ich habe den Film von Wim Wenders über Papst Franziskus gesehen. Der hat als Beichtvater den Ehepaaren immer aufgetragen, mit ihren Kindern zu spielen." Dann meldet sich noch eine Stimme: „Da kommen mir die alten Lagerfeuererinnerungen ‚Nehmt Abschied, Brüder, schließt den Kreis, das Leben ist ein Spiel. Und wer es recht zu spielen weiß, gelangt ans große Ziel.‘ Das waren noch Zeiten!“

Es wäre nicht die schlechteste Therapie für uns Menschen von heute: das Sanfte, das Zweckfreie, das Spielerische neu zu lernen, um mehr Leichtigkeit und Ruhe in unser gehetztes, rastloses Leben zu bringen. Wenn uns das gelänge, dann könnten wir uns die Erlaubnis geben, die vielen Zwingherren hinter uns zu lassen, um uns das Wesentliche zu holen, um wesentlich zu werden. Der sonntägliche Gottesdienst sollte immer Urlaub für die Seele sein, denn Jesus ist unser Gastgeber: Er sagt uns heute: „Ruht ein wenig aus“ (Mk 6,31) und „Lernt von mir … und ihr werdet Ruhe finden für eure Seele“ (Mt 11,29).

GLAUBE IN HEIDNISCHER UMWELT

Mk 7, 31-37 23. Sonntag

Jesus verließ das Gebiet von Tyrus wieder und kam über Sidon an den See von Galiläa, mitten in das Gebiet der Dekapolis. Da brachten sie zu ihm einen, der taub war und stammelte, und baten ihn, er möge ihm die Hand auflegen. Er nahm ihn beiseite, von der Menge weg, legte ihm die Finger in die Ohren und berührte dann die Zunge des Mannes mit Speichel; danach blickte er zum Himmel auf, seufzte und sagte zu ihm: Effata!, das heißt: Öffne dich! Sogleich öffneten sich seine Ohren, seine Zunge wurde von ihrer Fessel befreit und er konnte richtig reden. Jesus verbot ihnen, jemandem davon zu erzählen. Doch je mehr er es ihnen verbot, desto mehr verkündeten sie es. Sie staunten über alle Maßen und sagten: Er hat alles gut gemacht; er macht, dass die Tauben hören und die Stummen sprechen.

Jesus kommt aus dem Heidenland, aus dem Gebiet der phönizischen Städte am Mittelmeer nordwestlich von Galiläa. Er zieht über die Berge durch die Jordansenke ins heidnische Zehn-Städte-Land, nordöstlich des Sees Gennesaret. Beide Mal wirkt er ein Heilungswunder. Bei Tyrus wirft sich ihm eine syrophönizische Frau zu Füßen und fleht ihn an, aus ihrer Tochter einen Dämon auszutreiben (vgl. Mk 7,24-30). Die Antwort Jesu klingt für unsere Ohren sehr schroff, fast wie eine Abfuhr: Warum soll ich das Brot den Kindern wegnehmen und den kleinen Hunden vorwerfen? Jesus versteht sich als Prophet Israels. Wer zum auserwählten Volk gehört, darf sich der besonderen Nähe Gottes gewiss sein, ist Kind Gottes. Die Frau akzeptiert das. Sie respektiert seine Sendung und greift mit ihrer schlagfertigen Antwort sein Bild auf: Auch die Hündlein, gemeint sind Haushunde, mit denen die Kinder spielen, bekommen, was von den Tischen der Herren herunterfällt. Jesus ist von dieser Reaktion beeindruckt und heilt ihre Tochter. Er hat durch diese Frau dazugelernt und seine Sendung über die Grenzen Israels hinaus erweitert.

Unser heutiges Evangelium berichtet von dem zweiten Heilungswunder im Heidenland. Leute bringen einen Taubstummen zu ihm. Jesus heilt den Kranken, ohne zu zögern. Doch nimmt er ihn von der Menge weg. Für unser Empfinden ist die Heilungsart Jesu etwas unappetitlich: Finger in die Ohren, Speichel auf die Zunge. Mit dem aramäisch überlieferten Wort „Effata!" wirkt Jesus das Wunder. Durch diese beiden Heilungswunder im Heidengebiet stilisiert Markus Jesus im Blick auf seine Gemeinde zum ersten Heidenmissionar. Das war er aufs Ganze gesehen nicht, aber er bereitete durch seine Vorstöße ins Heidenland den Boden für die spätere Heidenmission.

Was tut, was schenkt Jesus eigentlich diesem Heiden? Banal gesprochen, dass er künftig Laute und Worte hören und mit seiner Zunge sprechen kann. Doch ging es dem Rabbi Jesus nie nur um physische Heilung. Er wollte durch seine Wunder die Menschen zu Gott führen. Für das jüdische Glaubensverständnis ist das Hören- und Sprechenkönnen ganz elementar. Für den Juden Jesus sind alle Gebote in dem einen Hauptgebot zusammengefasst: Gott und den Nächsten zu lieben. Doch hat er in seiner Antwort auf die Frage nach dem wichtigsten Gebot das Allerwichtigste vorgeschaltet, was er in seiner Bibel gelernt hatte und selbst immer wieder betete: „Höre, Israel! Der HERR, unser Gott, der HERR ist einzig. Darum sollst du den HERRN, deinen Gott, lieben mit ganzem Herzen, mit ganzer Seele und mit ganzer Kraft" (vgl. Dtn 6,4.5; Mk 12,29.30). Die Liebe erwächst aus dem Hören auf die Stimme Gottes. Jüdische Spiritualität lebt vom Hingegebensein an die lebendige Stimme des Herrn. Sie soll der Mensch in sein Herz aufnehmen. Jesus schenkt diesem taubstummen Heiden das Gehör, damit er durch alle irdischen Stimmen hindurch die Stimme Gottes hören kann.

Auch das Sprechen hat für den jüdischen Glauben zentrale Bedeutung. Johannes der Täufer, der letzte große Prophet, charakterisiert sich selbst als „Stimme eines Rufers in der Wüste" (Joh 1,23). Mose, der erste Prophet, sagte zu Gott: Ich kann nicht reden. Gott nimmt ihn trotzdem in seinen Dienst und verweist ihn an seinen Bruder Aaron, der für ihn sprechen kann. Prophet sein heißt: Stimme haben, so sehr bestimmt sein durch die innere Stimme, dass ein Mensch als Sprachrohr Gottes seine Bestimmung findet. Was für Propheten in herausragender Weise gilt, gilt auch für jeden gläubigen Juden. Was also tut Jesus? Er schenkt diesem Heiden die Grundorgane für den Glauben, nämlich hören und sprechen zu können.

Machen wir den Schritt ins Heute. Vor ein paar Jahren habe ich an der Ostseeküste, auf dem Gebiet der ehemaligen DDR, Urlaub gemacht. Ich ging ins Touristenbüro und erkundigte mich nach katholischen Gottesdiensten. Der Mann schaute mich entgeistert an und sagte: Wir sind hier alle Heiden. – Für München könnte man das auf den ersten Blick nicht sagen. In der Altstadt bestimmen die Kirchen bis heute das Stadtbild. Doch in der Bevölkerung bildet die Gruppe der Religionslosen und Kirchenfernen die überwiegende Mehrheit. Wir leben eigentlich in einer neuheidnischen Umgebung.

Was können wir von dem „Heidenmissionar" Jesus lernen? Engagierten und manchmal frustrierten Christen sei zum Trost gesagt: Auch Jesus musste sich zeitweise aus seiner religiösen Heimat zurückziehen und eine andere Luft atmen. Man hat den Eindruck, die Pharisäer und Schriftgelehrten mit ihren dauernden Reinheitsdiskussionen, ihren Verdächtigungen und Anfeindungen gingen ihm auf die Nerven. Manchmal kann man auch von der innerkirchlichen Enge und dem internen Gerangel genug haben und muss an die säkulare Luft. Durch sein Ausweichen ins Heidenland lernt Jesus dazu. Er lernt von dieser Frau, von ihrer Muttersorge und ihrem Gespür für den Propheten Israels. Er lernt auch von den Menschen, die den Taubstummen zu ihm bringen. Denn sie zeigen so viel Menschlichkeit und Mitgefühl für diesen Kranken. Der ostdeutsche Karmelitenpater Reinhard Körner erzählt in einem seiner Bücher, er sei auf den Tod krank gewesen und habe im Krankenhaus von dem Pflegepersonal äußerst liebevolle Sorge erfahren. Da wurde selbstverständliche Humanität, da wurde „anonymes Christentum" (Karl Rahner) inmitten einer atheistischen Staatsideologie gelebt! Oft können sich Christen an sogenannten Heiden ein Vorbild nehmen: Wie Menschen ohne expliziten Glauben für Kinder oder für Kranke sorgen, wie sie sich bei Amnesty oder einer ökologischen Gruppe engagieren oder in der Politik die Humanität und Gerechtigkeit hochhalten. Bei seinen Ausflügen ins Heidenland trifft auch Jesus auf authentische Menschlichkeit. Menschliche Not und gelebte Mitmenschlichkeit lassen ihn Wunder wirken.

Unser Evangelium vom Taubstummen weist auf etwas hin, was unsere Zeit so nötig hat. Jesus nimmt den Mann von der Menge weg und stellt ihn so vor Gott. Wir leben in einer hektischen und oberflächlichen Zeit, die von Event zu Event, von Nachricht zu Nachricht springt. Unsere Zeit braucht den Geist der Innerlichkeit und des Innehaltens. Jeder von uns braucht immer wieder die Stille, die Unterbrechung, die Abgeschiedenheit. Nur, wenn ich mich selbst vor Gott stelle, innehalten kann, bekommt mein Leben Tiefe und Erfüllung. Danach sehnen sich alle. Deshalb bittet Jesus die Menschen, das Wunder der Heilung im Herzen zu bewahren, nicht dauernd davon zu reden und es so zu zerreden. Einschneidende Erlebnisse muss man wie einen kostbaren Schatz hüten. Dann kann dieser Schatz täglich von innen her strahlen und seine Wirkung entfalten. Sowohl dem säkularen Humanismus und erst recht der globalisierten Oberflächlichkeit unserer Tage haben wir Christen diesen inneren Reichtum des Glaubens anzubieten.

Papst Franziskus wünscht sich von seiner Kirche, dass all ihr Tun und all ihre Strukturen einen missionarischen Schwung bekommen. Dazu brauchen wir nicht draußen in der Fußgängerzone stehen und predigen. Es kommt auf wache Augen an, die wahrnehmen, was bei unseren Zeitgenossen an menschlicher Substanz, aber auch an Sehnsucht und Not da ist. Dabei sollten wir Zeuginnen und Zeugen sein, die vorleben, dass der Glaube allem wahrhaft Menschlichen Tiefe, Geduld, Stetigkeit, Wärme und Barmherzigkeit einhaucht. Gerade in neuheidnischer Umgebung überzeugt der Glaube nur, wenn er dem Leben mehr Glanz verleiht und es so steigert. Als Christen mit klarem Profil und offenem Geist sollten wir dialogisch und einladend vom Glauben als Lebensmodell reden. Wir sollten es jedoch nicht nur beim Reden belassen. Als engagiert Handelnde können wir staunenswerte Zeichen der Hoffnung setzen. Man könnte sie auch Wunder nennen. Das wäre Mission heute.

DER DÄMON IN PETRUS

Mk 8, 27-35 24. Sonntag

Jesus ging mit seinen Jüngern in die Dörfer bei Cäsarea Philippi. Auf dem Weg fragte er die Jünger: Für wen halten mich die Menschen? Sie sagten zu ihm: Einige für Johannes den Täufer, andere für Elija, wieder andere für sonst einen von den Propheten. Da fragte er sie: Ihr aber, für wen haltet ihr mich? Simon Petrus antwortete ihm: Du bist der Christus! Doch er gebot ihnen, niemandem etwas über ihn zu sagen. Dann begann er, sie darüber zu belehren: Der Menschensohn muss vieles erleiden und von den Ältesten, den Hohepriestern und den Schriftgelehrten verworfen werden; er muss getötet werden und nach drei Tagen auferstehen. Und er redete mit Freimut darüber. Da nahm ihn Petrus beiseite und begann, ihn zurechtzuweisen. Jesus aber wandte sich um, sah seine Jünger an und wies Petrus mit den Worten zurecht: Tritt hinter mich, du Satan! Denn du hast nicht das im Sinn, was Gott will, sondern was die Menschen wollen.

Er rief die Volksmenge und seine Jünger zu sich und sagte: Wenn einer hinter mir hergehen will, verleugne er sich selbst, nehme sein Kreuz auf sich und folge mir nach. Denn wer sein Leben retten will, wird es verlieren; wer aber sein Leben um meinetwillen und um des Evangeliums willen verliert, wird es retten.

Im Urtext des heutigen Evangeliums steht dreimal dasselbe griechische Verb. Im Deutschen wird es verschieden übersetzt. Das erste Mal verwendet es Jesus, nachdem Petrus gesagt hat „Du bist der Christus": „Doch er *gebot* ihnen, niemandem etwas über ihn zu sagen." Danach spricht Jesus von seinem Leidensweg. „Da nahm ihn Petrus beiseite und begann, ihn *zurechtzuweisen*." Schließlich noch einmal dasselbe Wort: Jesus „*wies* Petrus mit den Worten *zurecht*". Es handelt sich immer um das griechische Verb „epitiman".

Die Übersetzer der jüdischen Bibel haben hier ein hebräisches Wort ins Griechische übersetzt, das immer ein Macht- und Drohwort Gottes ist. Markus verwendet das Verb „epitiman“, wenn Jesus einen Dämon austreibt. Fridolin Stier übersetzt es sehr treffend mit: „Er herrschte ihn an.“ Dieser Hintergrund der Konfrontation des Göttlichen mit einer dämonischen Macht ist der Schlüssel zu unserer heutigen Stelle.

Jesus fragte vorher, für wen die Leute ihn halten. Das Volk stuft ihn sehr hoch ein. Das zeigen die Namen, mit denen er in einer Reihe steht: Johannes der Täufer war eine religiöse Ausnahmegestalt. Elija galt als der Prophet schlechthin, der am Ende der Zeit wiederkommen sollte. Petrus überbietet mit seiner Antwort die Meinung des Volkes: Du, der Messias! Höher geht es nicht. Warum weist ihn Jesus so scharf zurecht? Wir können Petrus und die Jünger mit eingefleischten Fans vergleichen. Sie sind Anhänger eines Menschen, welcher der Inbegriff aller Sehnsucht in Israel ist. Die Jünger sind nahe bei Jesus wie eine Leibgarde, wie Fans eines Fußballclubs. Ein Fan bezieht sein ganzes Selbstbewusstsein aus den Erfolgen des Vereins. Sein Selbstwertgefühl ist abhängig von den Erfolgen des Vereins. Bei Misserfolg rastet er aus. Ein Fan ist labil und schwankend. Der „Dämon“ dahinter ist das mangelnde Selbstbewusstsein, ist die Abhängigkeit von außen.

Jesus wittert bei Petrus und seinen Jüngern diese Gefahr. Er spürt: Die kommen sich jetzt groß vor. Sie sonnen sich in meiner Popularität. Das will Jesus auf keinen Fall fördern. Er braucht selbstständige, selbstbestimmte Leute, die ihm von innen her nachfolgen. Deshalb erhöht er drastisch seinen Anspruch und spricht von seiner Passion. Dieses furchtbare Ende ist menschlich gesprochen eine Niederlage, eine Katastrophe. Mit herkömmlichen Messiaserwartungen ist dieses Geschick nicht vereinbar. Für einen Fan ist das nicht zu verkraften.

In vielen Mythen wird erzählt, dass die Götter oder die göttliche Weisheit über die Erde wandeln, an die Türen von Menschen klopfen und meist abgewiesen werden. Die göttliche Weisheit kehrt dann wieder in den Himmel zurück, weil sie auf der Erde keine Aufnahme gefunden hat. Das Wort „Menschensohn" ist ein anderer Ausdruck für „Mensch", meint aber auch eine himmlische Gestalt an der Seite Gottes, ähnlich wie die göttliche Weisheit. Dass ein himmlischer Menschensohn angeklagt, gefoltert und gekreuzigt wird, das will Petrus nicht in den Sinn. Deshalb ist es menschlich verständlich, dass er Jesus zurechtweist und ihn abhalten will, in die offene Falle zu rennen.

Was macht Petrus genau? Er maßt sich im Grunde ein göttliches Macht- und Drohwort gegenüber Jesus an. Zwischen den Zeilen sagt er: Du bist von allen guten Geistern verlassen! Du bist von einem Dämon besessen! Petrus verpackt den Beelzebul-Vorwurf der Gegner Jesu und den Vorwurf seiner Familie, er sei verrückt, in eine scheinbar gut gemeinte Zurechtweisung. Deshalb musste Jesus so scharf reagieren und den Deckmantel des Wohlmeinens wegreißen. Er wies Petrus mit den Worten zurecht: „Tritt hinter mich, du Satan! Denn du hast nicht das im Sinn, was Gott will, sondern was die Menschen wollen." Jesus herrscht seinen ersten Apostel an, weil er spürt, hier erliegt Petrus der Paradiesesversuchung. Er maßt sich mit seiner Zurechtweisung ein Drohwort Gottes an und setzt damit sich selbst an die Stelle Gottes. Das ist blind und überheblich in einem und zeugt von wenig Gottvertrauen.

Jesus hatte sicher einen langen inneren Prozess durchlaufen. Das Geschick des leidenden Gottesknechtes zu übernehmen, stand ihm sicher nicht von Anfang an vor Augen. Er hatte es sich anders vorgestellt, doch sein Abba hatte ihm „das Ohr geöffnet" wie dem Knecht bei Jesaja (Jes 50,5-9). Jesus hatte die Widerstände gegen ihn wahrgenommen und sich betend dazu durchgerungen, den schweren Weg nach Jerusalem als seine Bestimmung anzunehmen. Er will und muss diesen Weg gehen – in Treue zum Vater und zu den Menschen. Deshalb herrscht er den Dämon an, der aus Petrus spricht.

Die Formulierung „Tritt hinter mich, du Satan!" ist in der neuen Einheitsübersetzung besser getroffen als in der früheren Fassung. Da hieß es noch: „Weg mit dir, Satan! Geh mir aus den Augen!" Die Aufforderung „opiso mou", wörtlich „Auf! Hinter mich!", hatte Petrus am See Gennesaret schon einmal gehört, als Jesus ihn in die Nachfolge rief. Da lautete die deutsche Übertragung: „Folge mir nach!" Dem dämonischen Geist in Petrus gebietet Jesus: Dich will ich nicht mehr sehen – aber du, Petrus, gehörst zu mir! Folge mir nach!

Dazu eine Anekdote, die Hugo Rahner über die Beziehung zwischen Ignatius von Loyola und Philip Neri überliefert hat. Beide waren Zeitgenossen im Rom des 16. Jahrhunderts; ganz unterschiedliche Typen und doch befreundet. Ignatius, ein sehr disziplinierter Mann, ging mit seiner schwarzen Soutane gesammelt durch die Straßen und über die Plätze Roms. Die Gassenjungen trieben ihren Schabernack, warfen ihm auch mal einen faulen Apfel nach. Der asketische Herr ging gefasst weiter. Doch Philipp Neri, der „Spaßvogel Gottes", ging, wenn ihm Ähnliches widerfuhr, auf den Jungen zu, lachte ihn an, gab ihm eine Ohrfeige und sagte: Die war nicht für dich, die war für den Teufel in dir. So ähnlich verhält sich Jesus gegenüber Petrus. Der Versuchergeist wird scharf abgewiesen, dem Jünger aber wird gesagt: Du gehörst zu mir! In unserer Szene ist eine Dämonenaustreibung mit dem erneuten Ruf in die Nachfolge kombiniert.

Was sagt uns das heute? Zum Glauben gehört immer ein sehr nüchterner Blick auf die Realität, wie Jesus ihn im Blick auf seinen Weg hat. Das Kreuz ist auch ein Symbol für den drastischen Realismus des christlichen Glaubens. Glaube sieht die Wirklichkeit, wie sie ist, und nimmt das Unabwendbare an, oft nach einem schmerzhaften Prozess des Ringens und Betens. Wir Jesuiten nennen diesen Prozess „Unterscheidung". Was will Gott mir durch die faktischen Verhältnisse sagen? Wohin will er mich führen? Es heißt, sich in großem Vertrauen auf einen Prozess von Sehen, Urteilen und Handeln einzulassen.

Wir erleben diese Art des Vorgehens bei Papst Franziskus. Viele verstehen ihn deshalb nicht. Sie wollen klare, dogmatisch einwandfreie Antworten und Anweisungen von oben. Die konkrete Realität der Menschen heute wahrnehmen, ein tastendes Gespür für den Willen Gottes entwickeln und in einem gemeinsamen geistlichen Prozess den weiteren Weg finden, diese Vorgehensweise erwächst aus der ignatianischen Spiritualität. Jesus hat seinen Opfertod mehr und mehr annehmen gelernt. Deshalb will er nicht, dass der Messiastitel hinausposaunt wird. Die Stimmung von Fans kann kippen, weil sie aus einer oberflächlichen Gefühlslage erwächst. Jesus will Jüngerinnen und Jünger schulen, die ihm nachfolgen, die sich selber dem Prozess der Unterscheidung unterziehen und dadurch Tiefe und Festigkeit gewinnen. Er wahrt sein Messiasgeheimnis nach außen. Er will es in das Herz seines engsten Kreises einpflanzen. Das ist Nachfolge bis heute: Christusverbundenheit von innen her.

Trotz der scharfen Zurechtweisung hat die Szene für Petrus auch etwas Tröstliches. Sie zeigt: Er hat in Jesus einen wahren Freund, der trotz allem treu zu ihm steht. Hoffentlich haben auch wir Freunde, die uns deutlich rückmelden, wenn wir auf dem Irrweg sind. Die Warnung eines Freundes muss nicht in jedem Fall zutreffen, doch ehrliche Freunde sind immer ein Geschenk. Wir leben und glauben nie allein. Auf uns allein gestellt, sind wir alle blind. Wir glauben in Gemeinschaft, wo jeder nur einen Teil der Wahrheit sieht. Die Nachfolge Jesu ist eine gemeinsame Suchbewegung. Seien wir dankbar für gute Freunde, die mit uns den Willen Gottes immer wieder und immer neu suchen und finden!

DAS GEHEIMNIS DER EIGENEN IDENTITÄT

Mk 9, 2-10 2. Fastensonntag

Sechs Tage danach nahm Jesus Petrus, Jakobus und Johannes beiseite und führte sie auf einen hohen Berg, aber nur sie allein. Und er wurde vor ihnen verwandelt; seine Kleider wurden strahlend weiß, so weiß, wie sie auf Erden kein Bleicher machen kann. Da erschien ihnen Elija und mit ihm Mose und sie redeten mit Jesus. Petrus sagte zu Jesus: Rabbi, es ist gut, dass wir hier sind. Wir wollen drei Hütten bauen, eine für dich, eine für Mose und eine für Elija. Er wusste nämlich nicht, was er sagen sollte; denn sie waren vor Furcht ganz benommen. Da kam eine Wolke und überschattete sie und es erscholl eine Stimme aus der Wolke: Dieser ist mein geliebter Sohn; auf ihn sollt ihr hören. Als sie dann um sich blickten, sahen sie auf einmal niemanden mehr bei sich außer Jesus. Während sie den Berg hinabstiegen, gebot er ihnen, niemandem zu erzählen, was sie gesehen hatten, bis der Menschensohn von den Toten auferstanden sei. Dieses Wort beschäftigte sie und sie fragten einander, was das sei: von den Toten auferstehen.

Das ist eine sehr geheimnisvolle Szene. Sie ist einzigartig und fällt völlig aus dem Rahmen der vorösterlichen Geschichten. Mit unserer westlichen Mentalität wollen wir wissen: Was ist da genau passiert? Wir fragen nüchtern nach den Fakten. Wenn man über unsere Sprache und über unsere Wahrnehmung von Wirklichkeit nachdenkt, kommt man bald zu dem Schluss: Die reinen Fakten gibt es gar nicht. Wenn wir etwas wahrnehmen, deuten wir es immer schon durch unser Reden. Mit dieser Einsicht wollen wir uns dieser rätselhaften Szene nähern und nach der Deutung fragen, die Markus dieser Szene gibt. Wie hat er sie aufgebaut? Was hebt er hervor? In welchen Kontext hat er sie gestellt?

Eine erste Beobachtung: Die Verklärung steht bei Markus in der Mitte seines Evangeliums. Zwischen dem Galiläateil am Anfang und dem abschließenden Jerusalemteil stellt der Evangelist diese Szene in den Mitteilteil, der den Weg Jesu von Norden nach Jerusalem beschreibt. Schon durch diese Positionierung wird die zentrale Bedeutung der Verklärungsszene im Gesamt des Evangeliums unterstrichen. Auch der hohe Berg als Ort des Geschehens zeigt, wie herausgehoben unsere Stelle ist. Außerdem ist sie gespickt mit Anspielungen auf Mose, der am Sinai mit drei Vertrauten und siebzig Ältesten auf den Berg stieg und dort die Weisung Gottes erhielt (vgl. Ex 24). Der Bund mit Gott und die Gabe des Gesetzes sind der Identitätskern des Volkes Israel. Mit der Urszene vom Sinai, die Israel zum auserwählten Volk machte, ist die Verklärung Christi zusammengebunden. Damals wie hier ereignet sich Grundlegendes, das in die Zukunft weist.

Der Mittelteil des Markusevangeliums beginnt bezeichnenderweise mit der Frage Jesu „Für wen halten mich die Menschen?" (Mk 8,27). Es ist die Frage nach seiner Identität. Im Grunde ist es die zentrale Frage für jeden Menschen: Wer bin ich eigentlich? Bei der Taufe im Jordan hatte der Vater Jesus ins Herz gesprochen: „Du bist mein geliebter Sohn..." (Mk 1,11). Diese Zusage am Anfang seines öffentlichen Wirkens wird hier vor Zeugen bekräftigt: „Dieser ist mein geliebter Sohn...". Gerade jetzt, wo Jesus zu seinem schweren Weg nach Jerusalem ansetzt, erfährt er, dass der Vater hinter ihm steht.

In unseren postmodernen Zeiten ist ein Titel wie „Wer bin ich und wenn ja, wie viele?" (Richard David Precht) zeittypisch. Eine erste

2020

Annäherung an die Deutung durch Markus zeigt: Der Evangelist lüftet hier den Schleier des Geheimnisses, mit dem Jesus sonst umgeben ist. Er erscheint in göttlicher Herrlichkeit. Der Messias Jesus im Lichtglanz Gottes ist offenbar der Inbegriff des erneuerten Bundes und des erneuerten Gesetzes. In dieser geheimnisvollen Person konzentriert und erfüllt sich die gesamte jüdische Verheißungsgeschichte. Umso erstaunlicher, dass Petrus ihn hier nur mit „Rabbi" anredet. Er und die beiden anderen Jünger haben offenbar die Tragweite dieser Szene nicht verstanden. Von ihrer Wahrnehmung her darf man das Ganze nicht aufschlüsseln, wohl aber von Jesus her.

Betrachten wir, wie Markus die Verklärung Jesu gerahmt und durch den Kontext gedeutet hat. Die Frage Jesu „Für wen halten mich die Menschen?" ist der Ausgangspunkt. Petrus antwortet als Sprecher der Jünger: „Du bist der Christus!" (Mk 8,28). Jesus reagiert mit einem Schweigegebot und eröffnet ihnen, dass der Menschensohn getötet, aber nach drei Tagen auferstehen werde. Durch den Titel „Menschensohn" tut sich eine extreme Spannung auf, denn „Menschensohn" ist nicht bloß ein anderes Wort für „Mensch", sondern bezeichnet beim Propheten Daniel eine geheimnisvolle himmlische Gestalt an der Seite Gottes. Vermutlich hat Jesus diese Selbstcharakterisierung gewählt, um das Geheimnis seiner Identität anzudeuten. Eine schier unüberbrückbare Spannung zwischen Leid und Seligkeit, todgeweihtem und ewigem Leben, zwischen Niedrigkeit und Hoheit tut sich hier auf. Kein Wunder, dass Petrus und die Jünger das nicht verstehen konnten.

Unmittelbar vor der Verklärungsszene hatte Jesus vom Kreuzweg des Menschensohnes und von der Kreuzesnachfolge gesprochen. Markus will damit zum Ausdruck bringen: Nur in dieser Perspektive auf das Kreuz zu kann man die Verklärung verstehen. Jesus sieht sehr klar sein schweres Ende voraus und sagt Ja zu seinem Geschick. Der zum Kreuzestod bereite Jesus erscheint hier im himmlischen Glanz. Das ist ein Bild, das den Kontrast auf die Spitze treibt und fast wie ein Paradox anmutet. Jesus gleicht dem Stammvater Abraham, der die Zerreißprobe des Glaubens durchlebt und durchlitten hat. Die Verklärungsszene schenkte ihm das Licht und die Kraft Gottes, um das kommende Dunkel zu bestehen.

Was hat Jesus ans Kreuz gebracht? Es war nicht Gott, sondern die Sünde von Menschen. Die führenden Männer der Tempelaristokratie haben wegen ihrer Eigeninteressen zusammen mit der Besatzungsmacht den Tod Jesu betrieben. In der nachfolgenden Szene, welche die Verklärung rahmt und deutet, begegnet uns ein Leid, das nicht von der Sünde verursacht, sondern naturhaft gegeben ist. Jesus und die drei Jünger treffen in der Ebene auf einen Vater mit seinem von Geburt an epileptischen Kind. Krankheit steht für alle bedrohlichen Naturkräfte, denen wir Menschen ausgeliefert sind. Physisches Leiden und naturhafte Übel ziehen sich wie ein schmerzhafter Riss durch die gesamte Schöpfung. Wir stehen dieser Art von Leid meist machtlos gegenüber. Die Jünger am Fuß des Berges versuchen, dem Vater und seinem Jungen zu helfen, doch ihre Kräfte reichen nicht aus. Jesus heilt den Knaben und sagt: Das geht nur durch Gebet.

Als himmlischer Menschensohn ist Jesus der Mensch des betenden und bittenden Vertrauens. Nur durch die Kraft seines erhörungsgewissen Betens kann er die Wunden der Schöpfung heilen und selbst schier unerträgliches Leid durchstehen. Im restlosen Vertrauen auf seinen Vater wird er seinen schweren Weg gehen und sich ausliefern an Leid, Schmerz und Tod. Der innere Glanz seiner Einheit mit dem Vater ist in der Verklärungsszene durchgebrochen. Seine wahre Identität ist wie in einer Momentaufnahme aufgeblitzt.

Doch ist das, was diese Szene schildert, den äußeren, fotografischen Augen nicht zugänglich. Hier bricht ein inwendiges Licht durch, das an Ostern mit aller Wucht in Erscheinung tritt. Die Ostererscheinungen kamen zwar für die enttäuschten Jünger völlig unerwartet, aber sie knüpften an vorösterliche Erfahrungen an. Die Verklärung Jesu ist eine solch geheimnisvolle Szene, die Ostern vorwegnimmt. Paulus wird vom „göttlichen Glanz auf dem Angesicht Jesu" (2 Kor 4,6) sprechen. Dieser Glanz scheint hier auf.

Wer bin ich eigentlich? Dieser Grundfrage muss sich jeder Mensch stellen. Sie ist die Frage aller Fragen. Im Juli 1944 schmuggelte Dietrich Bonhoeffer aus dem Gefängnis Berlin-Tegel folgendes Gedicht an seinen Freund Eberhard Bethge heraus:

Wer bin ich? Sie sagen mir oft,
ich träte aus meiner Zelle
gelassen und heiter und fest,
wie ein Gutsherr aus seinem Schloss.

Wer bin ich? Sie sagen mir oft,
ich spräche mit meinen Bewachern
frei und freundlich und klar,
als hätte ich zu gebieten.

Wer bin ich? Sie sagen mir auch,
ich trüge die Tage des Unglücks
gleichmütig lächelnd und stolz,
wie einer, der Siegen gewohnt ist.

Bin ich das wirklich, was andere von mir sagen?
Oder bin ich nur das, was ich selbst von mir weiß?
Unruhig, sehnsüchtig, krank, wie ein Vogel im Käfig,
ringend nach Lebensatem, als würgte mir einer die Kehle,
hungernd nach Farben, nach Blumen, nach Vogelstimmen,
dürstend nach guten Worten, nach menschlicher Nähe,
zitternd vor Zorn über Willkür und kleinlichste Kränkung,
umgetrieben vom Warten auf große Dinge,
ohnmächtig bangend um Freunde in endloser Ferne,
müde und leer zum Beten, zum Denken, zum Schaffen,
matt und bereit, von allem Abschied zu nehmen?

Wer bin ich? Der oder jener?
Bin ich denn heute dieser und morgen ein andrer?
Bin ich beides zugleich? Vor Menschen ein Heuchler
Und vor mir selbst ein verächtlich wehleidiger Schwächling?
Oder gleicht, was in mir noch ist, dem geschlagenen Heer,
das in Unordnung weicht vor schon gewonnenem Sieg?

Wer bin ich? Einsames Fragen treibt mit mir Spott.
Wer ich auch bin, Du kennst mich, Dein bin ich, o Gott!

Christus wird in der Verklärungsszene gezeigt als einer, der in Einheit mit Gott lebt, als einer, der im Licht Gottes beheimatet ist. Wir werden uns diesem Licht nur nähern, wenn wir uns im Dunkel, in den Ausweglosigkeiten und Zerreißproben unseres Lebens wie Bonhoeffer dem anempfehlen, dem wir sagen können „Dein bin ich, o Gott!". Sich in Gott zu finden, ist das Geheimnis unserer wahren Identität. Gott in sich zu finden, gibt uns Heimat in einem „Haus aus Licht" (Marie Luise Kaschnitz).

DAS NEUE MITEINANDER

Mk 9, 30-37 25. Sonntag

In jener Zeit zogen Jesus und seine Jünger durch Galiläa. Jesus wollte aber nicht, dass jemand davon erfuhr; denn er belehrte seine Jünger und sagte zu ihnen: Der Menschensohn wird in die Hände von Menschen ausgeliefert und sie werden ihn töten; doch drei Tage nach seinem Tod wird er auferstehen. Aber sie verstanden das Wort nicht, fürchteten sich jedoch, ihn zu fragen.
Sie kamen nach Kafarnaum. Als er dann im Haus war, fragte er sie: Worüber habt ihr auf dem Weg gesprochen? Sie schwiegen, denn sie hatten auf dem Weg miteinander darüber gesprochen, wer der Größte sei. Da setzte er sich, rief die Zwölf und sagte zu ihnen: Wer der Erste sein will, soll der Letzte von allen und der Diener aller sein. Und er stellte ein Kind in ihre Mitte, nahm es in seine Arme und sagte zu ihnen: Wer ein solches Kind in meinem Namen aufnimmt, der nimmt mich auf; und wer mich aufnimmt, der nimmt nicht nur mich auf, sondern den, der mich gesandt hat.

Jesus stellt ein Kind in die Mitte seiner Jünger. Was will er damit zum Ausdruck bringen? Unmittelbar davor hatte er gesagt, ein wahrer Jünger solle der Letzte, der Diener aller sein. Wollen das Kinder wirklich? Sind sie das passende Symbol für Bescheidenheit und Dienstbereitschaft? Ich kann mich erinnern: Als Kind war ich fuchsteufelswild, wenn ich im Spiel nicht gewonnen hatte, und furchtbar beleidigt, wenn ich nicht der Erste war. Oder wenn in Familien eines der Geschwister ungleich behandelt und zurückgesetzt wird, da ist Feuer unter dem Dach. Ich kenne auch keine Mutter, die mir jemals gesagt hätte: Meine Kinder helfen im Haushalt immer sehr gerne mit. Sie bringen ihr Zimmer selber in Ordnung.

Ich muss mich um gar nichts kümmern. Dienen? Das ist nicht die Art von Kindern. Kannte Jesus Kinder so schlecht?

Die Philologie hilft uns weiter. Im Griechischen lautet das gängige Wort für Kind „teknon". Es drückt immer das Verhältnis des Kindes zu den Eltern, besonders zur Mutter aus. Aber die Eltern spielen in unserer Szene keine Rolle. Es gibt ein zweites Wort für Kind: „paidion". Das wird hier verwendet. Es steckt in unserem Wort „Pädagogik". „Paidion" ist eine Verkleinerungsform und meint das Kind bis zum 7. Lebensjahr. In der antiken Welt waren Kinder auf der untersten Sprosse der sozialen Leiter, zumal man in der Weltsprache Griechisch bei „paidion" immer „pais", zu Deutsch „Diener", „Sklave", mithörte. Hier ist der sozialen Status von Kindern angesprochen. Kinder waren der Reichtum von armen Leuten wie heute in den Entwicklungsländern. Sie verrichteten zum Beispiel Dienste im Haus von wohlhabenden Leuten. Sie mussten den Gästen Hände und Füße waschen, ihnen die Schuhe ausziehen und sie an den Tischen bedienen. Diese niedrige soziale Stellung des Kindes ist gemeint. Jesus hat seinen Jüngern den Sozialstatus von Kindern vor Augen geführt, um sie damit über die frei gewählte, erwachsene Haltung des Dienens zu belehren. Deshalb stellte er ein Kind in ihre Mitte.

Unsere Stelle findet sich im Mittelteil des Markusevangeliums. Jesus setzt seinen Weg von den Jordanquellen im Norden nach Jerusalem an. Dieser zweite Teil des Evangeliums ist gegliedert durch drei Ankündigungen, die immer nach demselben Schema aufgebaut sind: Jesus spricht über sein bevorstehendes Leiden, den Kreuzestod und die Auferstehung. Die Jünger sind notorisch unverständig. Jesus, und nach ihm Markus, zeichnet den Weg ans Kreuz primär nicht als Weg zum Märtyrertod, sondern als Weg des Statusverzichts. Jesus will die freiwillige Erniedrigung des Menschensohns herausstreichen und seinem engsten Kreis die dahinterstehende Dienstgesinnung nahelegen.

Man muss bedenken, dass die Jesusbewegung die erste Bewegung in der Weltgeschichte ist, in der die Menschen sich unabhängig von ethnischer Zugehörigkeit, religiöser Herkunft, Geschlecht und sozialem Status zu Mählern um den gleichen Tisch trafen und einander mit dem geschwisterlichen Kuss begrüßten. Jesus sagt: „Wer ein solches Kind in meinem Namen aufnimmt, der nimmt mich auf …". Markus gebraucht im Griechischen für „aufnehmen" ein Wort, das „aufnehmen zum Gastmahl", also „jemanden zu sich einladen" meint. Statusverzicht und geschwisterliches Miteinander, also ein Verhältnis von gleich zu gleich über soziale Schranken hinweg, wird hier den Jüngern und der Gemeinde ans Herz gelegt.

Das ist Markus so wichtig, dass er fast diegleiche Szene noch einmal nach der dritten Leidensvorhersage aufgreift, und zwar in zugespitzter Form. Die beiden Zebedäussöhne, Jakobus und Johannes, drängen sich nach vorne und wollen neben Jesus sitzen, wollen die Ersten sein. Die anderen Jünger fallen über die beiden her. Offenbar war die neue Art, miteinander umzugehen, nämlich auf äußeren Status zu verzichten, auch in der Gemeinde des Markus noch längst nicht eingespielt. Die neuartige Gesinnung Jesu ist eine solch schwere Lektion, dass sie selbst die ersten Jünger noch nicht verstehen und nachvollziehen konnten.

Diese Linie des Statusverzichts zieht sich durch den ganzen Mittelteil. So kommt zum Beispiel ein reicher junger Mann zu Jesus und fragt ihn nach dem Weg zum ewigen Leben (vgl. Mk 10,17-31).

Jesus spürt in ihm eine Sehnsucht nach mehr als nur die Gebote Gottes zu erfüllen. Deshalb lädt er ihn ein: Lass doch alles! Gib dein Vermögen den Armen! Dann komm und folge mir nach! Der junge Mann geht traurig weg. Er konnte seinen Reichtum nicht loslassen. Auch am Ende dieser Geschichte heißt es: „Viele Erste werden Letzte sein und die Letzten Erste“ (Mk 10,31). Reichtum als Statussymbol hochhalten und sich daran klammern, verhindert Nachfolge. Nicht jeder, der Jesus nachfolgen will, muss von seinem Reichtum lassen. Aber diesem jungen Mann hätte es Jesus zugetraut.

In der letzten Szene des Mittelteils schildert Markus eine Kontrastfigur zum reichen Mann, nämlich den blinden Bettler Bartimäus. Als Jesus ihn ruft, wirft er seinen einzigen Besitz, seinen Mantel, weg, springt auf und läuft auf Jesus zu. Er erhält das Augenlicht und folgt Jesus auf seinem schweren Weg nach Jerusalem. An dieser Scharnierstelle des Evangeliums spürt man die Aussageabsicht des Markus: Jesus ist der Inbegriff einer neuen Lebensweise. Wer ihn als Vorbild für Dienst und Hingabe erkennt, dessen Augen sind wahrhaft erleuchtet. Die Erleuchtung vollendet sich in der persönlichen Bindung an Jesus, in der Nachfolge. Wenn es hart kommt, wird die Nachfolge ein Weg bis ans Kreuz. Nur wer auf äußeren Status verzichten, ja sogar alles Eigene, woran das Herz hängt, hinter sich lassen kann, findet das neue Leben in Christus.

Schauen wir noch auf einen weiteren Lebensbereich, wo es auch um Statusverzicht geht. Die Pharisäer und Schriftgelehrten wollen Jesus in der Frage der Ehescheidung „versuchen“ (vgl. Mk 10,2-12). Sie legen ihm die traditionelle jüdische Auffassung vor, dass der Mann nach dem mosaischen Gesetz der Frau einen Scheidebrief ausstellen kann. Jesus argumentiert mit dem ursprünglichen

Schöpfungswillen Gottes gegenüber dem von Menschen gemachten Gesetz. Gott habe Mann und Frau gleichberechtigt erschaffen. Der beim Trauungsritus zitierte Satz „Was aber Gott verbunden hat, das darf der Mensch nicht trennen" heißt im Urtext: „Was Gott zusammengespannt hat ...". Das ist ein Bild aus der Landwirtschaft und meint das Ziehjoch. Mann und Frau ziehen gleichberechtigt den Karren der Ehe. Patriarchale Vorherrschaft des Mannes verbietet sich deshalb. Beide Ehepartner stehen ohne Statusunterschiede im gemeinsamen Dienst an der Familie.

Das Thema Status betrifft auch den gesellschaftlich-staatlichen Bereich. Im Kontext der Anfrage der Zebedäus-Söhne nach den ersten Plätzen verweist Jesus auf sich und seine Lebenseinstellung: „Denn auch der Menschensohn ist nicht gekommen, um sich dienen zu lassen, sondern um zu dienen und sein Leben hinzugeben als Lösegeld für viele" (Mk 10,45). Jesus redet in diesem Zusammenhang über staatliche Macht. „Ihr wisst, dass die, die als Herrscher gelten, ihre Völker unterdrücken und ihre Großen ihre Macht gegen sie gebrauchen" (Mk 10,42). Vespasian, von den Heeren des Ostens im Jahre 69 zum Kaiser erhoben, war der erste Kaiser aus der Mittelschicht, dem Ritterstand, nicht aus dem Hochadel. Mit ihm strebten viele „nach oben". Sozialer Aufstieg war die Devise. Beim Triumphzug des Kaisersohnes Titus in Rom wurde nicht nur der siebenarmige Leuchter aus dem Jerusalemer Tempel präsentiert, sondern auch der Vorhang des Tempels. Vielleicht hat Markus das sogar selbst mit angesehen. In seinem Evangelium reißt beim Tod Jesu nach einem wortlosen Schrei der Vorhang des Tempels in zwei Teile von oben bis unten entzwei (vgl. Mk 15,38). Das Allerheiligste im Inneren des Tempels, das durch den Vorhang verborgen war, wird nun sichtbar. Markus zeigt damit: Es ist der Gekreuzigte, der gemarterte Leib des wahren Gottessohnes, der als Messias die „Karriere nach unten“ vorgelebt hat. Ein hingerichteter Außenseiter mit dem Kaisertitel „Sohn Gottes“ steht für eine neue Vision von menschlichem Zusammenleben. Hier erscheint hinter dem Vorhang nicht ein Herrscher, der die Völker unterdrücken will, sondern einer, der um Menschen wirbt, die dienen.

Markus will mit Blick auf den Gekreuzigten eine politische, soziale und sehr alltägliche Botschaft vom Statusverzicht verbreiten. Die ersten Christen lebten auf der Ebene des Hauses ein neues Miteinander. Diese Gemeinden praktizierten eine Revolution der Werte, die einer pyramidal und patriarchal strukturierten Gesellschaft völlig zuwiderliefen. Diese Intention steckt hinter den Aufrufen zur Kreuzesnachfolge. Es geht nicht einfach nur darum, als Märtyrer zu sterben. Markus übersetzt die Lebenshingabe Jesu ins Soziale.

Ein Blick in die Welt heute zieht eine nüchterne Bilanz: Nichts Neues unter der Sonne! Politik, Wirtschaft und Gesellschaft funktionieren bis heute nach dem Muster Reichtum, Macht und Status. Titel bestimmen das soziale Miteinander. Gerade wir als Kirche müssen uns fragen: Haben wir nicht zu sehr dieses Statusdenken übernommen und sogar überhöht? Trat nicht die ursprüngliche Absicht Jesu, geschwisterliche Gemeinde zu sein, in den Hintergrund? Jeder von uns muss sich fragen: Wie begegne ich Menschen, die unter meinem kulturellen Niveau und sozialen Status stehen und die auch nicht durch ihre äußeren Erscheinung beeindrucken? Bin ich bereit, solche Menschen so aufzunehmen und anzunehmen, wie es mir Jesus mit dem Kind in der Mitte vor Augen führt? Kann ich ihnen von Mensch zu Mensch begegnen? Im real existierenden Christentum muss noch vieles abschmelzen, was wir als Überlegenheits- und Herrschaftsideologie mit uns schleppen. Die Botschaft des neuen Miteinanders auf gleicher Augenhöhe wird fortbestehen, weil sie ein urmenschlicher Traum ist. Diese Vision ist in der heutigen global-vernetzen Welt so aktuell wie nie.

Zur heutigen Szene und zum ganzen Mittelteil, der uns das Unverständnis der Jünger zeigt, gibt es am ersten Tag Jesu in Kafarnaum eine Gegenszene: der Besuch Jesu im Haus des Petrus nach dem Synagogengottesdienst (vgl. Mk 1,29-31). Er heilt dort die Schwiegermutter des Petrus und befreit sie von ihrem Fieber. Er „fasste sie an der Hand und richtete sie auf", heißt es da (Mk 1,31). Markus wählt hier dasselbe Verb, das auch für die Auferweckung Jesu verwendet wird. Von der alten Frau selbst wird kein Name und keine Silbe überliefert, sondern nur: Nach dem Aufstehen „diente sie ihnen". Diese Schwiegermutter hat alles verstanden. Sie tut das, was dem Lebensprogramm des Messias Jesus entspricht. Sie sorgt selbstverständlich für ihre Gäste und macht kein Aufheben um ihre Person. Das scheint ihre eingespielte, alltägliche Lebenshaltung zu sein. So unscheinbar klein und doch so überwältigend groß kann es sein, wenn jemand die Auferstehungsbotschaft lebt und Christus nachfolgt.

VERWANDELTE AGGRESSION

Mk 9, 38-48 26. Sonntag

In jener Zeit sagte Johannes, einer der Zwölf, zu Jesus: Meister, wir haben gesehen, wie jemand in deinem Namen Dämonen austrieb; und wir versuchten, ihn daran zu hindern, weil er uns nicht nachfolgt. Jesus erwiderte: Hindert ihn nicht! Keiner, der in meinem Namen eine Machttat vollbringt, kann so leicht schlecht von mir reden. Denn wer nicht gegen uns ist, der ist für uns.

Wer euch auch nur einen Becher Wasser zu trinken gibt, weil ihr zu Christus gehört – Amen, ich sage euch: Er wird gewiss nicht um seinen Lohn kommen. Wer einem von diesen Kleinen, die an mich glauben, Ärgernis gibt, für den wäre es besser, wenn er mit einem Mühlstein um den Hals ins Meer geworfen würde. Wenn dir deine Hand Ärgernis gibt, dann hau sie ab; es ist besser für dich, verstümmelt in das Leben zu gelangen, als mit zwei Händen in die Hölle zu kommen, in das nie erlöschende Feuer. Und wenn dir dein Fuß Ärgernis gibt, dann hau ihn ab; es ist besser für dich, lahm in das Leben zu gelangen, als mit zwei Füßen in die Hölle geworfen zu werden. Und wenn dir dein Auge Ärgernis gibt, dann reiß es aus; es ist besser für dich, einäugig in das Reich Gottes zu kommen, als mit zwei Augen in die Hölle geworfen zu werden, wo ihr Wurm nicht stirbt und das Feuer nicht erlischt.

Mein geistlicher Begleiter sagte mir einmal: „Karl, die Menschen, die du liebst, aber besonders die Menschen, die dir auf den Wecker gehen, sagen dir am meisten über dich selbst." In Johannes, einem der „Donnersöhne", brodeln die aggressiven Gefühle: Da treibt einer Dämonen aus und gehört nicht zu uns. Der Apostel will das offenbar mit Gewalt unterbinden. Was sagt das über Johannes – und über uns? Wir sind Menschen, die von Geburt an auf die Zuwendung von anderen angewiesen sind. Durch verlässliche Zuwendung entwickelt sich unser Selbstwertgefühl. Viele Menschen zweifeln an ihrem Selbstwert, gerade diejenigen, die immer wieder ihre eigene Wichtigkeit herauskehren müssen. Wir alle tragen unsichtbare Wunden und Verletzungen aufgrund mangelnder Anerkennung.

Für einen Beichtvater ist es eine der unangenehmsten Erfahrungen, wenn jemand in der Beichte nicht aufhört, über andere zu schimpfen. Ich versuche dann, die Blickrichtung des Beichtenden umzudrehen und frage: „Was wird denn durch diesen Menschen in Ihnen berührt? Warum reagieren Sie so heftig auf ihn?" Wir machen oft die anderen zur Projektionsfläche und laden unsere eigenen wunden Stellen und Kränkungen auf ihnen ab. Ich gebe als Beichtvater dann zu bedenken: Gott kann uns nicht von unserem Ärger oder Groll erlösen. Daran kleben wir, diese Gefühle halten wir fest. Gott kann uns jedoch sehr wohl von unseren Wunden erlösen. Darum sollten wir den tieferen Schmerz, der unter unserem Groll und Ärger liegt, vor Gott bringen.

Im zweiten Teil des heutigen Evangeliums lenkt Jesus mit seinen harschen, bewusst überspitzten Worten den Blick auf die wunden Stellen seiner Jünger. Jesus hatte eine innerjüdische Friedensbewegung initiiert, die sich als universale Friedensbewegung in der ganzen damaligen Welt verbreitete. Doch auch Menschen, die den Auftrag haben, Frieden zu bringen, haben selbstverständlich Aggressionen. Vermutlich haben sie sogar mehr Aggressionen als andere, weil ihnen oft Ablehnung entgegenschlägt oder sie den Kürzeren ziehen.

Wie geht man als Friedensstifter mit Aggressionen um? Aus dem heutigen Evangelium könnte man den indirekten Impuls herauslesen: Nimm das aggressive Potential in dir erst einmal wahr und lass dich nicht gleich davon fortreißen! Der „Donnersohn“ Johannes würde von sich aus sofort auf Angriff schalten: Dieser Exorzist gehört nicht zu uns! Das müssen wir unverzüglich unterbinden! Dem werden wir's zeigen! Hier reagiert das gekränkte Ich. Solche Kränkungen muss man sich zunächst ehrlich eingestehen. Wir können die spontanen Gefühle unseres Egos nicht einfach auswechseln und uns einreden, wir hätten keine Aggressionen. Da würden wir uns etwas vormachen. Wir sind nicht nur lieb und brav. Aggressionen gehören zu unserem Menschsein. Wir können sie auch nicht mit einem Mal ausreißen. In dieser Hinsicht sind die Worte Jesu zugespitzte Übertreibungen. Er will sagen: Versucht mit aller Entschiedenheit, eure aggressiven Gefühle in eine andere Richtung zu lenken! Wirkliche Wandlungsprozesse brauchen Zeit und Geduld. Aggressionen sich eingestehen und umlenken, besser gesagt, sie vom Geist Gottes verwandeln zu lassen, das wäre der richtige Umgang mit ihnen – zumindest für jemand, der Jesus nachfolgen will.

Die Heilige Schrift gibt uns einen Hinweis. Besonders die Texte vom Endgericht sind voller Gewaltphantasien. Da ist von Hölle, von Heulen und Zähneknirschen die Rede. Untreue Diener werden in Stücke gehauen. Diese Bilder drücken aggressive Phantasien aus. Aber zwischen dem Ausdrücken von Gewaltphantasien in Bildern und Geschichten und dem Ausagieren in der Realität besteht ein riesiger Unterschied. Der zentrale Punkt in der Schrift ist immer, dass Gott das endgültige Gericht vollziehen wird. Gott allein! Deshalb ist es gerade für Christen, die Frieden und Versöhnung bringen wollen, wichtig und heilsam, sich der eigenen Aggressionen nicht zu schämen.

Solche Gefühle zu haben, ist noch keine Sünde. Zur Sünde können sie werden, wenn wir sie nicht wahrhaben wollen. Denn dann kommt das Verdrängte, das Abgesonderte – was „Sünde" der Wortwurzel nach bedeutet – wie durch die Hintertür wieder herein und treibt in verzerrter Form sein Unwesen. Deshalb müssen wir unsere Verletzungen, die hinter den aggressiven Gefühlen liegen, vor Gott bringen. Wir sollten das Unerlöste in uns zu Gebeten umformen, damit Gott uns erlösen kann. Hier können wir von den Psalmen lernen. Wie oft ist da von „Feinden" die Rede! Wie wird deren Verhalten gegeißelt! Wie werden sie verwünscht! Der wahre Beter trägt seine brodelnden Gefühle zu Gott und übergibt sie ihm.

Das Bußsakrament ist ein Sakrament der Wahrhaftigkeit und der Ermutigung. In das Bekenntnis gehören nicht bloß die eigenen Verfehlungen, sondern auch die Verletzungen und Verstrickungen mit hinein. Das Bedrängende und Brodelnde zu benennen hilft, sich selbst mehr zu verstehen. Nur wer sich versteht und annimmt, kann sich auch ändern. Die unleugbare Schuld wird Gott dargeboten. Durch die sakramentale Lossprechung dürfen wir hoffen: Die Gnade Gottes kann unsere Aggressionen verwandeln und unsere Verletzungen heilen. Dadurch werden wir von innen her verwandelt. Wir werden zu Menschen, die immer mehr mit allen Kräften den Frieden suchen und tun.

Wir sind in der Nachfolge Jesu verletzbarer als andere Menschen. Denn als Friedensbringer kommen wir uns oft hilflos und ausgeliefert vor. Auf uns werden die unverarbeiteten Aggressionen anderer abgeladen. Beim ehrlichen Blick auf uns selbst werden wir feststellen: Auch wir sind manchmal Täter und Opfer zugleich. Beide lassen sich nicht voneinander trennen. Das sollte einen Friedenstifter demütig machen, aber auch dankbar und manchmal sogar selig, wenn wir spüren, dass der Geist Gottes durch uns wirkt.

Kleine Gesten der Aufmerksamkeit wie ein Becher Wasser können dann überwältigend wirken. Wem in angespannter Atmosphäre spontane Güte zuteilwird, der erfährt: Hier berührt mich das Geheimnis der Welt, der Gott des Friedens. Der Menschheitstraum vom allumfassenden Frieden wacht auf, „wo Mensch den Menschen liebt" (Zauberflöte). Die Friedensvision Jesu führt in eine große, geradezu universelle Weite: „Wer nicht gegen uns ist, der ist für uns." Jeder Versuch, das Böse durch das Gute zu überwinden, verbreitet das Reich Gottes. Hoffentlich haben wir offene Augen und Ohren für Menschen, die sich für dieses Friedensreich einsetzen, ob sie Jesus kennen oder nicht. Der verborgene Christus blitzt überall auf, wo gereifte und verwandelte Menschen Frieden stiften und Frieden vermehren (vgl. Mt 5,9).

EHE IM WIDERSTREIT

Mk 10, 2-16 27. Sonntag

In jener Zeit kamen Pharisäer zu Jesus und fragten: Ist es einem Mann erlaubt, seine Frau aus der Ehe zu entlassen? Damit wollten sie ihn versuchen. Er antwortete ihnen: Was hat euch Mose vorgeschrieben? Sie sagten: Mose hat gestattet, eine Scheidungsurkunde auszustellen und die Frau aus der Ehe zu entlassen. Jesus entgegnete ihnen: Nur weil ihr so hartherzig seid, hat er euch dieses Gebot gegeben. Am Anfang der Schöpfung aber hat Gott sie männlich und weiblich erschaffen. Darum wird der Mann Vater und Mutter verlassen und die zwei werden ein Fleisch sein. Sie sind also nicht mehr zwei, sondern ein Fleisch. Was aber Gott verbunden hat, das darf der Mensch nicht trennen.
Zu Hause befragten ihn die Jünger noch einmal darüber. Er antwortete ihnen: Wer seine Frau aus der Ehe entlässt und eine andere heiratet, begeht ihr gegenüber Ehebruch. Und wenn sie ihren Mann aus der Ehe entlässt und einen anderen heiratet, begeht sie Ehebruch.
Da brachte man Kinder zu ihm, damit er sie berühre. Die Jünger aber wiesen die Leute zurecht. Als Jesus das sah, wurde er unwillig und sagte zu ihnen: Lasst die Kinder zu mir kommen; hindert sie nicht daran! Denn solchen wie ihnen gehört das Reich Gottes. Amen, ich sage euch: Wer das Reich Gottes nicht so annimmt wie ein Kind, der wird nicht hineinkommen. Und er nahm die Kinder in seine Arme; dann legte er ihnen die Hände auf und segnete sie.

Heute (4. Oktober 2015) wird in Rom die Bischofssynode über Ehe und Familie eröffnet. Die Texte des heutigen Sonntags könnten nicht treffender ausgewählt sein. Deshalb sollten wir sie genauer betrachten. Bei den Pharisäern war bekannt, dass Jesus für Benachteiligte eintrat, für Ausgegrenzte und Sünder, für Frauen und Kinder, die im jüdischen Recht keine Rechtssubjekte waren. Auf dem brisanten Gebiet der Ehegesetze konnte man Jesus leicht aufs Glatteis führen. Wie hält er es mit dem Gesetz des Mose, nach dem es allein dem Mann rechtlich erlaubt war, die Frau zu entlassen, was aus fadenscheinigen Gründen geschehen konnte? Jesus wendet sich gegen diese Praxis und beruft sich dabei auf den ursprünglichen Schöpfungswillen Gottes.

Was hat denn Gott als Zielvorgabe für den Menschen in seine Schöpfung hineingelegt? Ganz einfach und doch nicht immer leicht zu leben: dass Mann und Frau, in gegenseitiger Treue verbunden, vereint sind und vereint bleiben. So sagt es die Schöpfungsgeschichte im Buch Genesis (vgl. Gen 2,18-24). Jesus hat das bestehende jüdische Eherecht von dieser Vision des Ursprungs her verschärft. Darüber ist man sich einig. Die Fragen beginnen, wenn man den Satz „Was aber Gott verbunden hat, das darf der Mensch nicht trennen" genau deuten will. Ist es ein reiner Rechtssatz oder ist er wie andere Sätze, zum Beispiel in der Bergpredigt, eine Zielangabe, ein Ideal? Lassen wir das zunächst offen.

Unbestritten ist auch, dass in der Urgemeinde der Grundimpuls Jesu aufgenommen, aber in verschiedene Lebens- und Rechtskulturen hinein übersetzt wurde. Im hellenistischen Rechtsbereich konnte auch eine Frau ihren Mann aus der Ehe entlassen. Das war in Israel nicht möglich. Markus bezieht sich hier auf die nichtjüdische Praxis. Nicht nur unterschiedliche Kulturen werden bedacht, auch die Realität von gescheiterten oder nicht mehr möglichen Beziehungen wird berücksichtigt. Matthäus zum Beispiel fügt ein „außer wegen Unzucht" (Mt 19,9). Notorische Untreue wäre eine Ausnahme, die den unbedingten Appell Jesu außer Kraft setzt. Oder der Fall, den Paulus anspricht: Wenn es einer Neubekehrten trotz großer Bemühung nicht möglich ist, mit ihrem heidnischen Mann zusammenzuleben, gilt das strikte Gebot Jesu nicht. Weltanschauliche Gegensätze sind nach Paulus für einen christlichen Ehepartner ein Ansporn, die Ehe zu retten, aber sie nicht auf Biegen und Brechen retten zu müssen (vgl. 1 Kor 7,12-16). Halten wir fest: Es gibt in der Urgemeinde Ausnahmen. Die Vorgabe Jesu wird nicht einfach übernommen, sondern vom inneren Sinn her aufgenommen und modifiziert.

Das war die gemeinsame Rechtslage von Ost- und Westkirche bis um die Jahrtausendwende. Man hat den unbedingten Anspruch Jesu aufrechterhalten, aber die Möglichkeit eingeräumt, dass es nach dem Scheitern der Ehe einen Neuanfang geben kann. Diese urchristliche Tradition hat die Orthodoxie bis heute bewahrt. Die lateinische Kirche ist im 10. Jahrhundert ausgeschert. Sie hat den Satz „Was aber Gott verbunden hat, das darf der Mensch nicht trennen" zu einem strikten Rechtssatz gemacht. Nur eine nichtige, ungültige Ehe darf nach festgestellter Nichtigkeit aufgelöst werden, was eine Wiederheirat möglich macht. So die Rechtslage in der katholischen Kirche. Die orthodoxe Kirche und die Kirchen der Reformation haben jeweils andere Regelungen.

Wir sollten, meine ich, aus der älteren Schöpfungsgeschichte lernen (vgl. Gen 2,18-24). Nach ihr hat der erste Mensch, der noch nicht Mann, sondern geschlechtlich undifferenzierter „Erdling" ist, eine tiefe Sehnsucht nach Ergänzung. Gott erfüllt diese Sehnsucht und erschafft dem „Erdling" Adam ein ebenbürtiges Gegenüber. So erst entstehen Mann und Frau. Die leiblich-geistige Einheit der beiden ist der Zielpunkt der ganzen Schöpfung. Das ist die große Ursprungsvision des Schöpfers. Am Anfang der Erschaffung von Mann und Frau steht der lapidare Satz: „Es ist nicht gut, dass der Mensch allein ist" (Gen 2,18). Der Mensch ist auf Gemeinschaft, auf Partnerschaft, auf Liebe hin geschaffen.

Die Spannung zwischen ersehnter Treue, Scheitern in der Realität und der Möglichkeit eines neuen Anfangs ist schon in der Heiligen Schrift angelegt. Jesus gibt jedem, selbst dem schlimmsten Sünder, bei innerer Umkehr eine neue Chance. Die unbedingte Treue Gottes und damit der mögliche Neuanfang trotz aller Schuld ist die Urintention der Bibel. Nur in diesem Spannungsdreieck von Anspruch Jesu auf dauerhafte Treue, von der göttlichen Vorgabe, dass Alleinsein für den Menschen nicht gut ist, und der Möglichkeit des Neuanfangs ist eine sinnvolle rechtliche Lösung zu finden.

Die Kirche in Ost und West hält grundsätzlich an der Unauflöslichkeit der Ehe fest. Das entspricht der Intention Jesu. Eine bestehende Ehe für nichtig zu erklären, zumal wenn Kinder daraus hervorgegangen sind, ist eine Fiktion, die dem Rechtsdenken geschuldet ist. Eine dauerhaft lebendige Ehe ist nicht nur der Traum Gottes, sondern auch die Ursehnsucht des Menschen. Liebe, Verbundenheit und Treue zwischen den Ehepartnern sind das stärkste Zeichen der Treue Gottes zu seinem Volk, der Treue Christi zu seiner Kirche. Dieses Ideal und dieser Anspruch stehen außer Frage. Doch die Ostkirche erlaubt bei geschiedener Ehe einen Neuanfang. Dieser hat dann zwar nicht mehr die Qualität der ersten, unauflöslichen Ehe, ist aber eine gültige Ehe vor Gott.

Beten wir, dass bei dieser Synode nicht nur der Geist des Kirchenrechts, sondern vor allem der Geist des Evangeliums sich durchsetzt. Es ist im Grunde der Konflikt zwischen menschlicher Gesetzlichkeit und göttlicher Barmherzigkeit. Hoffen wir, dass unsere katholische Kirche zu einer Praxis zurückfindet, mit der sie im ersten Jahrtausend lebte und die dem Evangelium entspricht.

DER KUSS JESU

Mk 10, 17-30   28. Sonntag

Als sich Jesus wieder auf den Weg machte, lief ein Mann auf ihn zu, fiel vor ihm auf die Knie und fragte ihn: Guter Meister, was muss ich tun, um das ewige Leben zu erben? Jesus antwortete: Warum nennst du mich gut? Niemand ist gut außer der eine Gott. Du kennst doch die Gebote: Du sollst nicht töten, du sollst nicht die Ehe brechen, du sollst nicht stehlen, du sollst nicht falsch aussagen, du sollst keinen Raub begehen; ehre deinen Vater und deine Mutter! Er erwiderte ihm: Meister, alle diese Gebote habe ich von Jugend an befolgt. Da sah ihn Jesus an, umarmte ihn und sagte: Eines fehlt dir noch: Geh, verkaufe, was du hast, gib es den Armen und du wirst einen Schatz im Himmel haben; dann komm und folge mir nach! Der Mann aber war betrübt, als er das hörte, und ging traurig weg; denn er hatte ein großes Vermögen. Da sah Jesus seine Jünger an und sagte zu ihnen: Wie schwer ist es für Menschen, die viel besitzen, in das Reich Gottes zu kommen!

Die Jünger waren über seine Worte bestürzt. Jesus aber sagte noch einmal zu ihnen: Meine Kinder, wie schwer ist es, in das Reich Gottes zu kommen! Leichter geht ein Kamel durch ein Nadelöhr, als dass ein Reicher in das Reich Gottes gelangt. Sie aber gerieten über alle Maßen außer sich vor Schrecken und sagten zueinander: Wer kann dann noch gerettet werden? Jesus sah sie an und sagte: Für Menschen ist das unmöglich, aber nicht für Gott; denn für Gott ist alles möglich.

Da sagte Petrus zu ihm: Siehe, wir haben alles verlassen und sind dir nachgefolgt. Jesus antwortete: Amen, ich sage euch: Jeder, der um meinetwillen und um des Evangeliums willen Haus oder Brüder, Schwestern, Mutter, Vater, Kinder oder Äcker verlassen hat, wird das Hundertfache dafür empfangen. Jetzt in dieser Zeit wird er Häuser und Brüder, Schwestern und Mütter, Kinder und Äcker erhalten, wenn auch unter Verfolgungen, und in der kommenden Welt das ewige Leben.

Anspruchsvolle Texte sollte man nicht schnell überfliegen. Man sollte sie genau lesen, sich hineinknien und sie durcharbeiten. Dann sprechen sie zu uns. Die biblischen Texte rauschen oft an uns vorbei, weil wir sie beim Gottesdienst nur einmalig hören. Da kann man nicht tiefer in sie eindringen. Deshalb möchte ich unser heutiges Evangelium etwas genauer ausleuchten, um seiner Tiefendimension auf die Spur zu kommen.

Wir haben gehört, wie Jesus auf die Antwort des jungen Mannes reagierte: „Da sah ihn Jesus an, umarmte ihn und sagte …". Der Urtext ist differenzierter. Der Satz beginnt mit einem Partizip „ihn ansehend", also einer beigeordneten, untergeordneten Verbform. Dann folgt das Verb. Auf ihm liegt das ganze Gewicht der Aussage. In der Übersetzung steht „er umarmte ihn …". Man könnte das griechische Verb auch konkret und provokativ übersetzen: „Ihn ansehend küsste er ihn und sagte: …". Jesus hat in seinen Metaphern oft sehr überspitzt formuliert wie im Bild vom Kamel und Nadelöhr. Ihm würde ich auch diese ungewöhnliche Symbolhandlung zutrauen, dass er den jungen Mann öffentlich küsst. Auf diesem Kuss liegt das energetische Zentrum des Textes. Deshalb darf die Deutung der Worte Jesu nicht bei der Frage ansetzen: Müssen denn Christen alles weggeben und an die Armen austeilen? Wir sollten vielmehr bei dieser überschwänglichen Geste Jesu ansetzen, in der die ganze Weisheit, die ganze Kraft der Szene liegt.

Wir kennen prominente Beispiele aus der Geschichte des Christentums. Franz von Assisi tauschte, nachdem er Christus entdeckt hatte, sein Gewand mit einem Aussätzigen und küsste ihn. Die Armut nannte er seine Braut, mit der er tanzen konnte. Bei Ignatius von Loyola begann der Bekehrungsprozess auf dem Krankenlager im heimischen Schloss. Nach seiner Genesung reiste er noch als

Ritter ab, doch in sicherer Entfernung gab er seine feinen Gewänder dem nächsten Bettler. Mutter Teresa, zunächst Schulleiterin in einer Höheren Töchterschule in Kalkutta, traf der Ruf Gottes eines Tages so stark, dass sie ihre Sendung neu erkannte: Ich muss zu den Ärmsten der Armen, zu den Sterbenden gehen, ihnen mit der Zärtlichkeit Jesu begegnen und dazu einen neuen Orden gründen. Diese großen Heiligen taten das nicht aus Pflicht, weil sie es mussten, sondern weil sie vom Ruf Christi innerlich gepackt waren, weil sie die liebevolle Zuwendung Jesu getroffen hatte.

Jetzt könnte jemand einwenden: Mutter Teresa, Ignatius, Franziskus, das sind doch religiöse Genies mit Höchstleistungen. Da komme ich als Durchschnittschrist doch gar nicht heran! Auch hier heißt es, unseren heutigen Text genauer zu bedenken. Das zweite Hauptverb nach „küssen" oder „umarmen" heißt: „... und sagte". Der Blick und die Geste Jesu münden in ein Wort an diese unverwechselbare Person des namenlosen jungen Mannes. Auf uns gewendet heißt das: Was Jesus mir persönlich sagt, ist das Entscheidende. Am Ruf Christi an mich muss ich dranbleiben. Nicht jeder, der mit Jesus sympathisierte und ihm anhing, wurde zur Gruppe der Wanderapostel berufen, die Familie und Besitz hinter sich ließen.

In der Urgemeinde gab es zwei Gruppen von Jesusanhängern: die Sesshaften und die Wanderradikalen. Letztere konnten nur überleben, weil sie von Leuten mit festem Wohnsitz aufgenommen wurden. Das Wort Jesu an Petrus richtet sich an die Gruppe der Wandermissionare: Sie hatten in der Tat hundertfache Möglichkeiten, beherbergt zu werden und kurzzeitig bei sesshaften Jesusanhängern Heimat zu finden. Sie konnten auf ein vielfältiges Beziehungsnetz zurückgreifen. Das ist in der Kirche bis heute so: Es gibt Menschen, die ohne persönlichen Besitz, ohne Ehepartner und Kinder leben, weil sie sich zu einem Leben nach den sog. Evangelischen Räten berufen fühlen. Deshalb muss nicht jeder Ordensmann oder Nonne werden. Normal- und Radikalchristen stehen im Reich Gottes auch nicht auf verschieden hohen Treppchen. Beide Gruppen folgen ihrem jeweiligen Ruf. Beide leben ihre persönliche Christusbeziehung. Beide leben gleichermaßen aus der Liebe Christi.

Schauen wir auf eine weitere Eigenheit unseres Textes, die meist überhört wird. Petrus redet davon, dass neben den Müttern, Kindern und Äckern auch die Väter verlassen werden. Das Wort „Vater" taucht im zweiten Teil seiner Rede nicht mehr auf, wo es um das hundertfache Zurückerhalten geht. Das ist bezeichnend, geradezu revolutionär für die Vision von Gemeinschaft, die Jesus vor Augen hatte. Denn der Vater war in den antiken Gesellschaften familiär, wirtschaftlich und rechtlich das fraglose Oberhaupt eines „Hauses", zu dem auch Sklaven oder sonstige Abhängige gehörten. Der „Pater familias" repräsentierte die pyramidale Gesellschaft im Kleinen.

In der Nachfolgegemeinschaft sollte es offensichtlich keine Väter in diesem Sinn mehr geben. Die patriarchale Autorität passte nicht mehr in das neue egalitäre Miteinander. Man begegnete sich bei Zusammenkünften von gleich zu gleich und begrüßte sich mit dem geschwisterlichen Kuss. Der hohe Beamte, der Hafenarbeiter und die Hausangestellte saßen nebeneinander um den gleichen Tisch, an dem man das Herrenmahl feierte. Unterschiede von reich und arm, von Sprache und Volkszugehörigkeit spielten keine Rolle mehr. In der Urgemeinde wurde die Gemeinschaft der Freien und Gleichen, wurde ein Stück Zukunft gelebt. Kein Wunder, dass man sich wie neugeboren vorkam, wie die Vorhut einer verwandelten Schöpfung.

Eine solch egalitäre Vision konnte leicht in Enthusiasmus ausarten. Vor allem die korinthische Korrespondenz des Paulus gibt davon Zeugnis. Religiöser Enthusiasmus, gerade bei Neubekehrten, ist eine Gefahr, seit es Religion gibt. Überschwängliche Begeisterung lässt frisch Erweckte oft in Fallen tappen. Deshalb eine weitere Beobachtung zu unserem Text: Die mit Jesus das Wanderleben teilen, verlassen Väter, Mütter, Äcker, Kinder, aber nicht die Frau oder den Mann. Radikale Nachfolge dispensiert nicht von der Grundbeziehung zwischen Mann und Frau, von der Ehe. In religiös aufgeladener Atmosphäre können sich leicht neue Mann-Frau-Konstellationen ergeben. Manche könnten gar ihre religiöse Erweckung zum Vorwand nehmen, um aus bisherigen Lebensbeziehungen auszusteigen. Das alles sind Phänomene, die es auch heute in schwärmerischen Gruppen gibt. Da mahnt Jesus bei allem Enthusiasmus, der auch ihm eigen war, zu Realismus und Nüchternheit: Hebt nicht ab und meint, in neuen Beziehungen das Heil zu finden! Besprecht und klärt euren religiösen Weg mit euren Partnern und einigt euch, soweit das möglich ist!

Ich vermute, Sie haben vorhin beim Hören des Evangeliums nicht erwartet, dass unser Abschnitt so vielschichtig ist und eine solche Tiefendimension hat. Alle Texte des Evangeliums haben nur ein Ziel: auf Jesus zu schauen, sich in seine Gesinnung zu vertiefen und dadurch das eigene Profil für ein Leben in der Nachfolge zu finden. Nach dem heutigen Evangelium wird als Charakteristikum von Christein deutlich: Menschen der Nachfolge sind ergriffen von der Liebe Gottes. Sie sind entflammt von der Umarmung, vom Kuss Jesu. Gleichzeitig bleiben sie nüchtern und gelassen. Jeden Tag sind sie hingegeben an den Ruf des Auferstandenen an sie ganz persönlich. Wahre Christen wissen, wie überaus beschenkt sie sind. Deshalb ersehnen sie nur Eines: Gottes Gnade weiterzuschenken an andere, um dadurch die Gnade zu vermehren. Weil Christus in ihren Herzen aufgestrahlt ist, haben sie ein großes Herz für ihre Mitmenschen, besonders für die Armen. In ihnen begegnet ihnen Christus. Reich ist, wer alles Irdische hinter sich lässt und die überfließende Gnade Gottes weiterschenkt.

WELTMISSION HEUTE

Mk 10, 46-52 30. Sonntag

Als Jesus mit seinen Jüngern und einer großen Menschenmenge Jericho verließ, saß am Weg ein blinder Bettler, Bartimäus, der Sohn des Timäus. Sobald er hörte, dass es Jesus von Nazaret war, rief er laut: Sohn Davids, Jesus, hab Erbarmen mit mir! Viele befahlen ihm zu schweigen. Er aber schrie noch viel lauter: Sohn Davids, hab Erbarmen mit mir! Jesus blieb stehen und sagte: Ruft ihn her! Sie riefen den Blinden und sagten zu ihm: Hab nur Mut, steh auf, er ruft dich. Da warf er seinen Mantel weg, sprang auf und lief auf Jesus zu. Und Jesus fragte ihn: Was willst du, dass ich dir tue? Der Blinde antwortete: Rabbuni, ich möchte sehen können. Da sagte Jesus zu ihm: Geh! Dein Glaube hat dich gerettet. Im gleichen Augenblick konnte er sehen und er folgte Jesus auf seinem Weg nach.

Am Weltmissionssonntag wollen wir uns Gedanken machen über die Zukunft des Christentums und die Weitergabe des Glaubens. Dazu sollte man die Anfänge des christlichen Glaubens und seine geschichtliche Entwicklung bedenken. Am Anfang stand eine revolutionäre Botschaft. Durch den Glauben an Christus empfanden sich neu bekehrte Heiden wie neugeboren. Sie hatten eine befreiende Lebenswende erlebt, Ängste überwunden und ein völlig neues Miteinander in den Hausgemeinden erfahren: „Es gibt nicht mehr Juden und Griechen, nicht Sklaven und Freie, nicht männlich und weiblich; denn ihr alle seid einer in Christus Jesus" (Gal 3,28).

Paulus, dessen jüdischer Glaube sich durch seine Damaskus-Begegnung mit dem Auferstandenen geweitet hatte, trug die Auferstehungsbotschaft in die Städte des Römischen Reiches. Juden, die von der Botschaft getroffen waren, erging es ähnlich wie Paulus. Sie integrierten den Messias Jesus in ihren jüdischen Monotheismus. Jesus wollte ganz Israel sammeln und bekehren und die neue Hinkehr zu Gott sollte sich, von Israel ausgehend, in die ganze Welt ausbreiten. Diese Universalität war schon in der Botschaft Jesu selbst angelegt, ähnlich wie bei den großen Schriftpropheten. Sein „Abba" war der Gott aller Menschen, seine Liebe und Barmherzigkeit grenzenlos.

Die Mission Jesu in Israel scheiterte, ebenso wie die zweite Verkündigungswelle seiner Anhänger nach der Auferstehung. Die Botschaft drang im Ursprungsland nicht durch. In den hellenistischen Großstädten des Mittelmeerraums verbreitete sie sich als Stadtreligion. „Der (Neue) Weg", wie sich die Jesusanhänger in der syrischen Hauptstadt Antiochia nannten, verstand sich im 1. Jahrhundert als Variante des Judentums. Erst etwa ab dem 2. Jahrhundert bildete sich mehr und mehr eine eigenständige Religion heraus. Um das Jahr 300 war fast schon ein Drittel der reichsrömischen Bevölkerung Christen. Die überwiegend heidenchristliche Kirche hatte die antike Kultur und die griechische Philosophie in sich aufgenommen und war als gesellschaftliche Bewegung im römischen Staat integriert. Massive Verfolgungen gab es erst, als das Römische Reich im 3. Jahrhundert zunehmend in die Krise geriet. Ich erinnere an die berühmte Legende von der Vision Konstantins vor der Schlacht an der Milvischen Brücke gegen seinen Rivalen Maxentius. Am Vorabend hatte der spätere Alleinherrscher die Vision, er sehe ein Kreuz am Himmel und höre die Stimme: In diesem Zeichen wirst du siegen. Nachdem sich Konstantin mit Waffengewalt durchgesetzt hatte, wurde das Christentum im Jahr 313 toleriert und schon Ende des 4. Jahrhunderts alleinige Staatsreligion.

Durch die Konstantinische Wende blieb vom Urimpuls des Evangeliums manches auf der Strecke. Das egalitäre Anliegen wurde ebenso zurückgedrängt wie der pazifistische Impuls. Manche Christen gingen in die Wüste, um die Radikalität des Ursprungs zu leben. Das angepasste Staatschristentum war ihnen zu hohl und oberflächlich. Das offizielle Christentum wurde zur Religion im altrömischen Sinn: zu einem System von Symbolen und Riten, von Dogmen und Gesetzen, wurde zur Einheitsideologie, um den Staat zusammenzuhalten. Im zusammenbrechenden Römischen Reich taten sich im Westen die Päpste mit den Frankenkönigen zusammen. Die lateinische Kirche wurde über Jahrhunderte von einer Kriegerkaste, dem mittelalterlichen Adel, zusammen mit dem adeligen Hohen Klerus dominiert. Damit traten die machtkritischen Impulse des Evangeliums in den Hintergrund. Religion hatte das etablierte Machtsystem zu stabilisieren.

Als Reaktion darauf entwickelten sich im Mittelalter verschiedene Reformbewegungen. Manche wie die Bettelorden wurden integriert, andere als Ketzer blutig verfolgt. Abweichler, die die institutionelle Struktur infrage stellten, wurden nicht geduldet. Als Gegengewicht zur verrechtlichten Machtkirche entwickelte sich im 14./15. Jahrhundert die „Devotio moderna", eine Bewegung, der es um Innerlichkeit und lebensnahe Frömmigkeit ging. Dieser breite Strom verzweigte sich im lateinischen Christentum in die verschiedenen Seitenarme der Reformation und der katholischen Reformbewegungen. Beide hatten ihren Ursprung in der spätmittelalterlichen Mystik.

Jetzt ein großer Sprung in die Neuzeit: Ab dem 16. Jahrhundert verbreitete sich das Christentum in der ganzen Welt im Kielwasser des europäischen Imperialismus. Fremde Völker und Kulturen wurden christianisiert, zum Teil mit gewaltigen Schattenseiten. Diese Epoche, aus Heiden Christen zu machen und dabei die eigene Kultur zu implementieren, ist vorbei. Heute sprechen viele von einem müden Christentum (Kardinal Carlo Maria Martini) in Europa. Es gibt zwar heutzutage eine ganze Reihe von spirituellen Suchbewegungen, doch die Beheimatung in den christlichen Kirchen schwindet. Viele Zeitgenossen finden in den Großkirchen nicht mehr das, was sie suchen, nämlich lebensnahe Spiritualität, die Leben und Existenz deutet, die Lebenshilfe bietet und durch Innerlichkeit, Engagement und Gemeinschaftserfahrungen das Leben bereichert und steigert.

Was ist heute angesagt? Es geht erneut um die Inspiration des Ursprungs, die nach vorne führt. Es geht um „Evangelisierung". Christen sollten authentisch ihr Christsein leben. Der Glanz des Evangeliums müsste ausstrahlen. Die ersten Christen überzeugten durch ihre neue Freiheit und ihre solidarische Lebensweise. Kirche heute hat den Auftrag, auf die Herausforderungen unserer Zeit adäquat zu antworten und vorzuleben, dass der christliche Glaube attraktiv und zukunftsfähig ist. Denn suchende Menschen bilden die Mehrheit der Bevölkerung. Sie würden hoffentlich aufmerksam werden durch glaubwürdige Christen und sich den christlichen Gemeinden annähern.

Eine wegweisende Vision aus dem 4. Jahrhundert kann weiterhelfen. Wenige Jahre nach Konstantin erschien dem heiligen Martin nachts Christus in prächtiger Gestalt als Pantokrator, als Allherrscher. Martin bemerkte, dass diese Gestalt keine Wundmale trug. So entlarvte der Heilige die Vision als satanische Täuschung. Hatte Konstantin seine Vision zu kurzschlüssig im eigenen Interesse verstanden, als er Christus auf der Seite der stärkeren Waffen sah?

Müsste er heute nicht durch Martin korrigiert werden? Christus am Kreuz ist ein Verwundeter, einer, der im Namen der Staatsmacht hingerichtet wurde. Er steht bis heute auf der Seite der Geschlagenen und Schwachen. Nach Papst Franziskus sollte die Kirche „Feldlazarett" sein für Menschen, die an Leib und Seele verwundet sind. Christus kann man nicht für eine Siegergeschichte vereinnahmen.

Die Geschichte des Christentums war eine Geschichte der zunehmenden Macht und des Triumphalismus. Das Zweite Vatikanische Konzil hat diese Epoche beendet: „Freude und Hoffnung, Trauer und Angst der Menschen unserer Zeit sind Freude und Hoffnung, Trauer und Angst der Jünger Christi", heißt es programmatisch in der Pastoralkonstitution des Konzils. Das ist eine Art Ehegelöbnis. Die Kirche soll den heutigen Menschen gerade in ihrer Trauer, ihrer Gebrochenheit, ihrem Suchen treu sein, ihnen nicht irgendetwas überstülpen, sondern alle Facetten des Lebens mit ihnen teilen. Der Glaube will Leben deuten, feiern und gestalten. Diese neue Phase der Evangelisierung darf keine Reconquista sein, um alte Zustände wieder herzustellen. Es muss nach vorne gehen, und zwar durch gelebte Solidarität mit Menschen. Christus trägt Wunden bis heute, in jedem Menschen. Hier ist die Zukunft des Christentums zu suchen und zu finden, doch besonders auch im Glanz eines neuen, befreiten Lebens aus der Kraft der Auferstehung.

Wer auf die Geschichte der Kirche seit Ende des 18. Jahrhunderts zurückblickt, muss leider feststellen, dass viele Zeichen der Zeit nicht verstanden wurden: der Weckruf der Französischen Revolution, wo man bald wieder in das trügerische Bündnis von Thron und Altar schlüpfte, die Sehnsucht nach Demokratie und Religionsfreiheit, der naturwissenschaftliche Aufbruch, die bürgerlichen Emanzipationsbewegungen, die soziale Frage und das Aufwachen der Völker der sogenannten Dritten Welt. „Die Kirche ist zweihundert Jahre lang stehen geblieben. Warum bewegt sie sich nicht? Haben wir Angst? Angst statt Mut? Wo doch der Glaube das Fundament der Kirche ist, der Glaube, das Vertrauen, der Mut." So die Diagnose von Kardinal Carlo Maria Martini kurz vor seinem Tod im Jahre 2012. In der Tat, die katholische Kirche blieb zu lange in defensiver Abwehrhaltung gegenüber der Moderne.

Die Kirche sollte nicht besserwisserisch über Gott reden, sondern die Verborgenheit Gottes ernst nehmen und eine Spiritualität des Engagements, des langen Atems und der Geduld vorleben. Dazu kann uns die Gestalt des Bartimäus die Augen öffnen. Er ist der einzige Geheilte, von dem der Name berichtet wird. Er scheint dem Evangelisten Markus besonders am Herzen zu liegen. Bartimäus gehört zwar nicht zum Jüngerkreis, aber er hält als ideale Jüngergestalt den unverständigen Jüngern den Spiegel vor.

Bartimäus schreit in seiner Not. Das Wort „Gott" heißt von der germanischen Wortwurzel her „einer, zu dem man schreien kann". Religion lebt davon, dass in ihr die tiefsten Sehnsüchte des Menschen einen Ausdruck finden. Religion stiftet Lebenssinn und verheißt Lebenssteigerung. Bartimäus schreit zu Jesus, weil er ihn mit tiefem Gespür als Sohn Davids, als Messias erkannt hat. Sein Zutrauen setzt ihn in Bewegung, Er wird geheilt und findet zu einem hellsichtigen Glauben, der ihm die Kraft gibt, Jesus auf seinem Weg nach Jerusalem zu folgen. So findet er das Heil. Denn Jesus ist Inbegriff für wahres Menschsein und für innige Gottesnähe. Ich halte ihn für die integrativste Gestalt der Religionsgeschichte. Den Menschen durch Wort und Beispiel die Gestalt Jesu nahezubringen, ist Sinn aller Mission. Zwang darf es dabei nicht geben.

Kurz vor dieser Szene in Jericho hatte Jesus gesagt: Die Machthaber dieser Welt missbrauchen ihre Macht. Bei euch soll es nicht so sein. Wer der Erste sein will, sei der Diener aller (vgl. Mk 10,42-45). Der Weg Jesu ist ein Weg des Dienens und der Hingabe. So gab er Zeugnis für die Wahrheit Gottes und animierte seine Jünger, ihm zu folgen. Wer so dient, dass er gerade dem Geringsten auf Augenhöhe begegnet und für ihn eintritt, in dem lebt das Evangelium. Bartimäus geht noch einen Schritt weiter. Er steigt mit Jesus den schweren Weg nach Jerusalem hinauf. Das gibt uns zu denken: Wenn Christen heute das gemeinsame Haus der Schöpfung schützen und für die Armen eintreten, führt dieser Weg in den Konflikt mit starken Machtinteressen. Engagierter Glaube kann harte Konfrontationen und Konsequenzen nach sich ziehen. Doch die Lebensorientierung, die von Jesus ausgeht, ist so stark, dass Christen mutig wie Bartimäus ihrem Meister folgen auf seinem Kreuzweg.

Nehmen wir diese Art von Evangelisierung in unser Herz auf! Halten wir uns an Christus! Lassen wir ihn in unseren Herzen wohnen! Dann bräuchte uns um die Zukunft der Weltmission nicht bange sein. Papst Johannes XXIII. sagte kurz vor seinem Tod: „Nicht das Evangelium hat sich geändert, wir beginnen allmählich, es zu verstehen." Das wünsche ich uns allen. Mögen wir die große Strahlkraft Jesu Christi immer tiefer verstehen, daraus leben und so das Evangelium verkünden!

DER ANDERE KÖNIG

Mk 11, 1-10 Palmsonntag

Es war einige Tage vor dem Osterfest. Als sie in die Nähe von Jerusalem kamen, nach Betfage und Betanien am Ölberg, schickte er zwei seiner Jünger aus. Er sagte zu ihnen: Geht in das Dorf, das vor euch liegt; gleich wenn ihr hineinkommt, werdet ihr ein Fohlen angebunden finden, auf dem noch nie ein Mensch gesessen hat. Bindet es los und bringt es her! Und wenn jemand zu euch sagt: Was tut ihr da?, dann antwortet: Der Herr braucht es; er lässt es bald wieder zurückbringen. Da machten sie sich auf den Weg und fanden außen an einer Tür an der Straße ein Fohlen angebunden und sie banden es los. Einige, die dabeistanden, sagten zu ihnen: Wie kommt ihr dazu, das Fohlen loszubinden? Sie gaben ihnen zur Antwort, was Jesus gesagt hatte, und man ließ sie gewähren. Sie brachten das Fohlen zu Jesus, legten ihre Kleider auf das Tier und er setzte sich darauf. Und viele breiteten ihre Kleider auf den Weg aus, andere aber Büschel, die sie von den Feldern abgerissen hatten. Die Leute, die vor ihm hergingen und die ihm nachfolgten, riefen: Hosanna! Gesegnet sei er, der kommt im Namen des Herrn! Gesegnet sei das Reich unseres Vaters David, das nun kommt. Hosanna in der Höhe!

Die Schilderung des Einzugs Jesu in Jerusalem folgt bei Markus dem Schema eines Königseinzugs und seiner Inthronisation. Das Volk strömte dem künftigen König entgegen. Bevor der König Israels den Thron bestieg, wurden unter Jubelrufen Kleider ausgebreitet. Unsere Szene lässt dieses gewohnte Verhalten anklingen. Aber es gibt bedeutsame Unterschiede, geradezu einen Schatten, der über unserer Szene schwebt. Eigentlich sollten alle Bewohner der Stadt dem künftigen König entgegengehen und ihn begrüßen. Hier sind es nur seine Anhänger und einige Sympathisanten, die ihn begleiten und ihm zujubeln, also eine Minderheit. Dann müsste der König in die Stadt hineingehen und seine Hauptstadt und den Tempel in Besitz nehmen. Ähnlich erwarteten es wohl auch die Anhänger Jesu. Sie riefen: „Hosanna! Gesegnet sei er, der kommt im Namen des Herrn! Gesegnet sei das Reich unseres Vaters David, das nun kommt. Hosanna in der Höhe!"

Doch dieser König ist ganz anders. Er zieht so ein, wie es beim Propheten Sacharja geschildert wird: friedfertig und demütig (vgl. Sach 9,9). In messianischem Vorauswissen bestimmt er eine angebundene Eselin für seinen Einzug. Auch zum Stammvater Juda gehörte ein Esel, der am Rebstock angebunden war. Juda wurde ein Herrscher verheißen, von dem die Herrschaft nie genommen wird (vgl. Gen 49,10.11). Doch der Messias Jesus kommt nicht als Herrscher. Er nimmt auch nicht Stadt und Tempel in Besitz. Er reitet in seine Stadt ein, geht auf den Tempelberg und schaut sich alles genau an. Am Abend verlässt er Jerusalem wieder und zieht sich nach Betanien zurück (vgl. Mk 11,11).

Was ist das für ein König? Er wird zwar wie ein Messiaskönig geschildert, wird jubelnd willkommen geheißen, aber er muss einsam sein. Selbst seine engsten Gefolgsleute haben die Leidensvorhersagen auf dem Weg nach Jerusalem nicht verstanden. Sie haben offenbar auch jetzt noch ganz andere Erwartungen an ihn als messianischen König. Dieser König setzt andere Akzente: Er kommt unscheinbar, bescheiden, auf einem Esel und ohne Machtgebaren. Man schätzt, dass damals etwa 100 000 Pilger in die 30 000 Einwohner zählende Stadt kamen. Jesus ist einer von vielen. Ein paar Leute haben ihm zugejubelt, vielleicht weil sie Galiläer waren und ihn dort erlebt hatten. Bei genauerer Betrachtung ist das ein Königseinzug, der im allgemeinen Trubel fast untergeht. Der

Schatten, der über dieser Szene liegt, wird noch größer werden. Jedenfalls sehen wir beim Blick auf die Textoberfläche einen einsamen, unverstandenen Messiaskönig, der nahezu unbemerkt in seine Stadt einzieht.

Es gibt jedoch einen verborgenen Subtext. Markus hat die Zeit Jesu in Jerusalem in sieben Tagen geschildert. Jeder fromme Jude verstand dies als Anspielung auf das Sieben-Tage-Werk der Schöpfung. Der Einzug Jesu am ersten Wochentag, unserem Palmsonntag, dann drei Tage Streitgespräche und Tempelreinigung, am Donnerstag das Letzte Abendmahl, in der Nacht zum Freitag das jüdische Verhör, am frühen Morgen der Prozess vor Pilatus, mittags die Kreuzigung, am Samstag die Todes- und Sabbatruhe und am Sonntag, mit Beginn der neuen Woche, die Auferstehung. Damit ist eingeschrieben: In diesem Passionsgeschehen, so unscheinbar es nach außen gewesen sein mag, ist Gott präsent. Er schafft Neues. Am achten Tag bricht mit der Auferstehung Jesu der Glanz der neuen Schöpfung durch. Einer Welt, die von Macht und Eigeninteressen, von Brutalität und kaltem Kalkül geprägt ist, wird durch das stellvertretende Leiden, durch Tod und Auferstehung des Messias Jesus ein hoffnungsvoller Subtext unterlegt. Die Augen des Glaubens sehen tiefer. Ihnen offenbart sich in dem grausamen Geschehen das Geheimnis der Erlösung.

Damit erscheint auch das Wirken Jesu in Galiläa in einem neuen Licht. In seinen Gastmählern, in seinen Machttaten war bereits die geheimnisvolle Gegenwart Gottes aufgeblitzt. Der Menschensohn, der Israel in eine neue Gottesnähe rufen wollte, hatte mit seinen Zeichenhandlungen recht behalten. Sein früheres Auftreten wurde durch die Auferstehung bestätigt. Jesus hatte von Anfang an verkündet, dass Gott durch ihn seinem Volk einmalig neu nahekommen wollte. Die Bekehrung Israels sollte zum Beginn einer neuen, verwandelten Welt werden. Jesus wurde zwar als politischer Messias hingerichtet, doch er hatte eine umfassendere Botschaft, was nur wenige verstanden. Selbst seinen Anhängern ging erst mit Ostern auf, was seine wahre Sendung war: den Gott des Lebens, der Liebe und Barmherzigkeit Israel und der ganzen Welt nahezubringen.

Werfen wir noch einen Blick auf den Oberflächentext unseres Lebens. Da wird neben viel Schönem und Erfreulichem auch eine Reihe von Ereignissen zu sehen sein, die belanglos oder belastend waren: banale Alltäglichkeiten, Enttäuschungen, selbst verschuldete Missgeschicke und auch manche Katastrophe. Die Passionsgeschichte ermutigt uns, im Subtext unseres Lebens das verborgene Wirken Gottes aufzuspüren. Dies liegt meist nicht offen zutage. Man muss tiefer graben und nach innen gehen. Erst dann kann sich ein tieferer Sinnzusammenhang zeigen, der uns dann ein Loblied auf die Führung Gottes anstimmen lässt.

Die Anhänger Jesu preisen ihren Meister mit einem Zitat aus dem Psalm 118: „Gesegnet sei er, der kommt im Namen des Herrn!" Vorher riefen sie „Hosanna!". Nach unserem Verständnis ist das ein Jubelruf, wörtlich übersetzt ist es jedoch ein Flehruf. „Hosanna" heißt „Hilf doch!", „Rette doch!". Wir sollten in allem Jubel den Rettungsruf mithören. Schließen wir uns dem blinden Bartimäus an! Er schreit seine Not heraus, ohne sich davon abhalten zu lassen. Er springt auf und läuft auf Jesus zu mit der Bitte: „Sohn Davids, hab Erbarmen mit mir!" Mit geöffneten Augen, mit dem tieferen Blick des Glaubens, zieht er von Jericho mit hinauf nach Jerusalem (vgl. Mk 10,50-52). Tun wir es ihm nach, beten und bitten wir immer wieder: Jesus, Sohn Davids, erbarme Dich meiner! Vertrauen wir darauf, dass Gott mit uns ist – auf allen Wegen unseres Lebens!

GOTT LIEBEN?

Mk 12, 28b-34 31. Sonntag

In jener Zeit ging ein Schriftgelehrter auf Jesus zu und fragte ihn: Welches Gebot ist das erste von allen? Jesus antwortete: Das erste ist: Höre, Israel, der Herr, unser Gott, ist der einzige Herr. Darum sollst du den Herrn, deinen Gott, lieben mit ganzem Herzen und ganzer Seele, mit deinem ganzen Denken und mit deiner ganzen Kraft. Als zweites kommt hinzu: Du sollst deinen Nächsten lieben wie dich selbst. Kein anderes Gebot ist größer als diese beiden. Da sagte der Schriftgelehrte zu ihm: Sehr gut, Meister! Ganz richtig hast du gesagt: Er allein ist der Herr und es gibt keinen anderen außer ihm und ihn mit ganzem Herzen, ganzem Verstand und ganzer Kraft zu lieben und den Nächsten zu lieben wie sich selbst, ist weit mehr als alle Brandopfer und anderen Opfer. Jesus sah, dass er mit Verständnis geantwortet hatte, und sagte zu ihm: Du bist nicht fern vom Reich Gottes. Und keiner wagte mehr, Jesus eine Frage zu stellen.

Das Doppelgebot der Gottes- und Nächstenliebe ist das erste und wichtigste, das alles zentrierende Gebot. Was Nächstenliebe ist, lässt sich relativ klar umschreiben. Menschen spüren intuitiv, ob sie akzeptiert, bejaht, geliebt sind. Es gibt Standards des gegenseitigen respektvollen, liebenden Umgangs. Die Gottesliebe klar zu erfassen, ist viel schwieriger. Die Theologie sagt: Auch wenn Gott sich offenbart, ist und bleibt er ein unfassbares Geheimnis. Wie können wir einen Unfassbaren lieben? Da kann man sich leicht etwas vormachen oder einbilden. Im Namen der Gottesliebe wurden schon viel Unrecht, sogar Verbrechen begangen. Es ist gar nicht so einfach zu sagen, was Gottesliebe genau ist.

Wir Christen stehen auf den Schultern Israels. Aus der jüdischen Glaubens- und Gottestradition erwuchs das heutige Christentum.

Der Gotteszugang Israels ist die Tür, die weiterführt. Der fromme Jude und die gläubige Jüdin glaubten an den Gott des Himmels und der Erde, von dem man kein geschnitztes Bild machen und verehren durfte (vgl. Ex 20,4). Die Sprache der Bibel, besonders die Gebetssprache der Psalmen, sprudelt jedoch geradezu von Bildern für Gott. Der Mensch kann nur in Bildern, Symbolen, Gleichnissen von Gott reden. Dennoch bleibt gewahrt: Gott ist letztlich durch kein Bild zu fassen und festzulegen. Er bleibt für uns Menschen unverfügbar. Diese Einsicht steckt hinter dem Bilderverbot.

Israel hat drei Bilder, drei grundlegende Vorstellungen für die Gottesbeziehung entwickelt. Das erste Bild heißt „Bund". Das ist ein Begriff aus der internationalen Politik. Gott wird verglichen mit einem Großkönig, der mit einem kleineren Staat – Israel war das immer – ein Bündnis schloss. Der Große, der Herrscher, hatte das Sagen. Der Kleinere war der Vasall, für den in orientalischen Staatsverträgen familiäre Worte gebraucht wurden. Der kleine Partner wird zum Beispiel vom Mächtigen „geliebt". Zwischen Gott und seinem Volk besteht ein „himmelweiter" Unterschied, doch Gott wendet sich seinem auserwählten Volk zu. Er offenbart sich Israel und verleiht seinem Volk eine einzigartige Würde, legt ihm jedoch auch bestimmte Pflichten auf. Das kann auch eine Kehrseite haben. Wenn Gottes befreiende Weisung nur als Werke-Gesetz verstanden wird, wird Religion zur Pflichterfüllung. Es schleicht sich die Angst ein, ob man auch alle Pflichten buchstabengetreu erfüllt. Die Dimension gegenseitigen Vertrauens kann im politischen Vertragsmodell leicht zu kurz kommen.

Das zweite Bild: Israel ist „Sohn". In der Betonung des männlichen Geschlechts spiegeln sich die patriarchalen Verhältnisse der Zeit wider, in der die biblischen Schriften entstanden sind. Wir haben es hier mit dem rein familiären Bild der Kindschaft zu tun. Heutzutage zählen Firmen ihre Großkunden zu ihrer „Familie". Dadurch will man eine Atmosphäre des Vertrauens schaffen. Wenn Gott Israel seinen „Sohn" nennt, dann ist das ein Zeichen von wirklicher Vertrautheit, von Zusammengehörigkeit, von Liebe. Jesus ist in dieser Tradition aufgewachsen. Seine intime Vertrautheit mit Gott ist sein Lebensgeheimnis. Er steht als „Sohn" in einem einzigartigen Verhältnis zu seinem „Abba". Der Glaube sieht ihn seit der Auferstehung als ersten von vielen Brüdern und Schwestern. Auch dieses familiäre Bild von Gott kann in Fehlformen umschlagen, zum Beispiel in Infantilisierung oder Gehorsamsmentalität oder gar in Unterwürfigkeit. So ist es natürlich nicht gemeint. Paulus betont im Römerbrief: „Sind wir aber Kinder, dann auch Erben; Erben Gottes und Miterben Christi ..." (Röm 8,17). Das geht weit über die Vorstellung der reinen Abstammung von Gott als Vater hinaus. Als Erben haben wir teil an seiner Göttlichkeit.

Das dritte Bild kommt aus der Welt der Beziehung, der Erotik, der Freundschaft und Liebe: Israel ist die „Braut", die „Geliebte" seines Gottes. Gott als Mann und Bräutigam zeichnet sich aus durch seine Treue. Jesus vertieft dieses Bild, indem er es in besonderer Weise auf sich bezieht. Er sieht sich als Bräutigam, der das Fest einer neuen, innigen Verbindung zwischen Gott und seinem Volk heraufführt. Im Abendmahlsaal nennt er sich „Freund" der Seinen. Die erotische und freundschaftliche Dimension der Liebe steigert noch einmal das Bild der Kindschaft. Jetzt ist – bei aller Ungleichheit zwischen Gott und Mensch – ein Verhältnis von gleich zu gleich angesprochen. Sowohl die jüdische als auch die christliche Mystik greifen auf diese Bildwelt zurück. Meister Eckhart spricht vom „Kuss" der Gottheit. Die Mystikerinnen des Mittelalters verzehren sich nach der „Jesus-Minne", nach dem ewigen Geliebten. Die Bilder von „Bund“ und „Sohn“ beziehungsweise „Kind“ werden noch einmal überboten. Gott hebt den Menschen bis auf Augenhöhe zu sich und steht mit ihm auf Du und Du.

Rufen wir uns jedoch in Erinnerung: Das alles sind Bilder. Die Gottesliebe ist damit nicht wirklich erfasst oder gänzlich umschrieben. Nach unseren irdischen Vorstellungen ist Gott nicht Vater, nicht Bräutigam oder Mann. Er ist auch kein Großkönig. Unser heutiges Evangelium hilft uns da weiter. Vor dem ersten Gebot der Gottes- und Nächstenliebe steht das allererstes Gebot, das „Sche'ma, Israel“ mit der jüdischen Grundbitte „Höre, Israel!“. Das Hören auf die Stimme Gottes ist bewusst vorgeschaltet. Sie ist das Vorzeichen für jegliche Rede von Gott und prägt alles nachher Gesagte.

Wer intensiv Musik hören will, der schließt intuitiv die Augen und lässt das, was Worte übersteigt, in sich hinein. Beim Glauben verhält es sich ähnlich. Wir setzen uns dem aus, was kein Bild fassen kann. Bei Meister Eckhart lesen wir die provozierende Formulierung: „Darum bitte ich Gott, dass er mich Gottes quitt mache …“ (Predigt 32). Gott, insofern er Bild und Vorstellung ist, muss man in geistlicher Armut hinter sich lassen. Aus der unanschaulichen „Wolke des Nichtwissens“ heraus ist der Mystiker im Innersten getroffen und ergriffen, um dann mit neuen Augen auf die Welt zu schauen. Die innere Melodie, in schweigender Aufnahmebereitschaft vernommen, dringt nach außen. Das Auge strahlt von innen her als Licht des Leibes und kann die Gegenwart Gottes in unserer Welt wahrnehmen.

Unser Glaube sowie die Rede von Gott und der Gottesliebe bewegen sich in dieser eigentümlichen Schwebe zwischen Sehen und Nichtsehen, zwischen tiefem Schweigen und sprudelnder Rede, zwischen Ergriffensein und Nie-begreifen-können. Wer aus tiefer Erfahrung glaubt, sieht alles in der Welt mit neuen Augen: die Natur, die Intimität und Freundschaft zwischen Menschen, das Miteinander in Familie, Beruf und Politik. Auch die Schrecken der Welt blendet der Glaube nicht aus. Alles wird Bild und Gleichnis auf Gott hin oder es wird als Zerrbild entlarvt.

Betrachten wir die Bronzeskulptur hier zu Füßen unseres zentralen Kreuzes in St. Michael. Maria von Magdala schaut in ihrem Schmerz sehnsüchtig nach oben und sucht das Angesicht ihres geliebten Rabbi. Glauben heißt, ein Leben lang im Schönen und Beglückenden, aber auch im Schweren, sogar in ausweglosen und verzweifelten Situationen, den Blick Jesu suchen. Deshalb sollten wir nicht nachlassen zu beten: Großer Gott, hilf mir, ein Leben lang auf Christus zu schauen, mit offenen Augen inmitten der Welt sein Antlitz zu suchen! Hilf, dass ich ein hörender Mensch werde, in den dein Wort immer tiefer eindringt! Ziehe mich täglich immer mehr hinein in deine dreifaltige Liebe! Mache mich fähig, auf deine grenzenlose Treue mit meiner kleinen Liebeskraft zu antworten! Lass mich immer mehr dein Abbild, lass mich ein Gleichnis deiner ewigen Liebe sein! Meine lieben Mitchristen, Gott lieben heißt: auf IHN, der uns zuerst geliebt hat, mit allem, was wir sind, liebend zu antworten.

LEBEN AUS DEM WUNDER

Mk 12, 41-44 32. Sonntag

Als Jesus einmal dem Opferkasten gegenübersaß, sah er zu, wie die Leute Geld in den Kasten warfen. Viele Reiche kamen und gaben viel. Da kam auch eine arme Witwe und warf zwei kleine Münzen hinein. Er rief seine Jünger zu sich und sagte: Amen, ich sage euch: Diese arme Witwe hat mehr in den Opferkasten hineingeworfen als alle andern. Denn sie alle haben nur etwas von ihrem Überfluss hineingeworfen; diese Frau aber, die kaum das Nötigste zum Leben hat, sie hat alles hergegeben, was sie besaß, ihren ganzen Lebensunterhalt.

Das erste Buch der Könige erzählt die Geschichte von Elija und der Witwe im heidnischen Sarepta: Elija rettet sie und ihren Sohn vor dem Hungertod, nachdem die alte Frau vorher bereit war, dem Propheten mit ihrem letzten Mehl ein kleines Gebäck zu bereiten. Dabei geschieht das Wunder, dass das Mehl im Topf nicht ausgeht und das Öl im Krug nicht versiegt (vgl. 1 Kön 17,10-16). Eine wunderschöne Geschichte! Doch möchte man in einen Seufzer ausbrechen: Aber ach, eine Geschichte nur! Kann man sie einer Mutter erzählen, deren Kind in einer abgelegenen Gegend des Jemen am Verhungern ist, weil dort keine Lebensmittel hinkommen? Kann man sie einer Alleinerziehenden zumuten, deren Arbeitsplatz wegrationalisiert wurde und die plötzlich ohne Einkommen dasteht? Da vermehrt sich das Geld nicht von selbst im Beutel!

Die Geschichte der Witwe von Sarepta ist keine realistische Geschichte. Sie klingt zu märchenhaft. Es sollte uns jedoch zu denken geben, dass rund um den Erdball zu allen Zeiten und in allen Kulturen ähnliche Geschichten erzählt werden. Da vermehrt sich plötzlich etwas, ganz unerwartet, auf wundersame Weise. Da muss doch ein wahrer Kern drinstecken! Eine berühmte Parallele ist die Geschichte von Philemon und Baucis: Zeus ist mit seinem Sohn Hermes im Land Phrygien unterwegs. Die Einwohner einer Stadt gewähren den Wanderern keinen Einlass. Nur das alte Ehepaar Philemon und Baucis, das in einer ärmlichen Hütte am Stadtrand lebt, pflegt Gastfreundschaft. Sie nehmen die beiden auf und bewirten sie mit allem, was sie haben. Daran, dass sich der Weinkrug wundersamerweise wieder von selbst füllt, erkennen sie die Gäste als Götter. Sie wollen ihnen noch ihre einzige Gans opfern. Das verwehren ihnen die Himmlischen und fordern sie auf, ihnen zu folgen, damit sie der Strafe für die ungastliche Stadt entgehen. Von einer Höhe aus sehen Philemon und Baucis erschüttert, wie ihre Stadt in einem Sumpf versinkt. Nur ihr Häuschen ist stehengeblieben und hat sich in einen Tempel von Gold und Marmor verwandelt. Von Zeus aufgefordert, ihre Wünsche zu nennen, bitten sie darum, als priesterliches Paar ihr Leben lang den Tempel hüten und gemeinsam sterben zu dürfen. So geschieht es dann auch. Sie dienen im Tempel, bis sie eines Tages hochbetagt auf den Tempelstufen niedersinken. Philemon wird in eine Eiche und Baucis in eine Linde verwandelt.

Hier finden sich Ähnlichkeiten zur biblischen Geschichte: Handelnde sind immer arme, einfache Leute, in Sarepta eine Witwe mit ihrem einzigen, geliebten Sohn, in der griechischen Geschichte ein altes, glückliches Ehepaar. Beide sind nicht nur gastfreundlich, sondern geben wirklich ihr Letztes. Gerade dabei geschieht es: Urplötzlich wendet sich das Geschick. Was für eine Realität steckt hinter dieser unerwarteten Wende?

Elija bringt es ins Wort, nachdem er um Essen gebeten hatte. Er sagt der Witwe: „Fürchte dich nicht!“ Er spricht diese Worte mitten in ihre Not hinein. Normalerweise empfinden wir in ähnlicher Lage zunächst den eigenen Mangel und die Bedrohung. Das macht Angst, die dann unser Verhalten bestimmt, so dass wir zunächst für uns selbst sorgen. Doch wir haben alle unter der Oberfläche unserer Alltagsgefühle auch eine tiefe Ressource an Vertrauen in die Kraft der Hingabe. Von einer berechnenden, individualistischen Kultur geprägt, bleiben wir meist an der Oberfläche und kommen nicht an diese Kraft aus der Tiefe heran. Diese tiefere Wirklichkeit wird in Geschichten von wunderbaren Vermehrungen ins Bild gesetzt. In mythischen, legendarischen Erzählungen wird zum Ausdruck gebracht, was Leben eigentlich ausmacht. Mythen erzählen, was so nie geschehen ist, aber immer geschieht.

Dass der heilige Martin seinen Mantel geteilt hat, war für ihn *die* Entdeckung seines Lebens. In dem frierenden Bettler erkannte er Christus. Ähnlich erging es der heiligen Elisabeth. Sie verschenkte freigebig an die Armen. Wieder einmal hatte sie in der Stadt Brot für die Armen gekauft, was ihr verboten war. Ihre Schwiegermutter forderte sie auf, ihre Schürze zu öffnen, um sie bloßzustellen. Wundersamerweise war die Schürze voller Rosen. Das Wunder der Verwandlung geschieht denen, die sich verschenken, die ihr Letztes geben.

Das Leben aus dem Wunder ist viel mehr in unsere Existenz eingezeichnet, als wir es uns gewöhnlich eingestehen. Literaturwissenschaftler meinen, die älteste Erzählgattung der Menschheit seien die Märchen. Diese leben vom Motiv der Verwandlung, vom Wunder. In der deutschen Literatur haben nach Aufklärung, Revolution und Klassik die Romantiker diesen Reichtum der Tiefe gespürt und ins Wort oder Bild gebracht. Betrachten wir exemplarisch einen Auszug aus einer Gedichtstrophe von Novalis:

Wenn nicht mehr Zahlen und Figuren
Sind Schlüssel aller Kreaturen,
…
Und man in Märchen und Gedichten
Erkennt die wahren Weltgeschichten,
Dann fliegt vor Einem geheimen Wort
Das ganze verkehrte Wesen fort.

In unserer Welt der Zahlen und des Kalkulierens, des Berechnens und Verrechnens, steckt viel „verkehrtes Wesen". Da wird oft nur die Oberfläche der Welt vermessen. Das Wunder lässt sich nicht als materielle Wachstumsrate vorführen. Das wahre Wunder ist unsere Tiefenressource von unerschöpflichem Vertrauen in die Kraft der Hingabe.

Schauen wir unter dieser Rücksicht in das heutige Evangelium: Jesus ist in Israel aufgetreten, um das Wunder der Sammlung und Bekehrung des ganzen Volkes zu wirken. Die Leute strömten ihm zu Beginn auch zu, aber bald bröckelte es. Vielleicht hat er in Jerusalem eine Art Endentscheidung herbeizuführen gesucht. Mit der heutigen Szene befinden wir uns im abschließenden Jerusalemteil des Evangeliums. Jesus geht von Betanien in die Stadt und sucht, weil er Hunger hat, nach Früchten an einem Feigenbaum, findet aber keine. Dem Baum sagt er daraufhin ewige Unfruchtbarkeit voraus. Er geht weiter in den Tempel, treibt die Händler und Verkäufer hinaus und stößt die Tische der Geldwechsler um. Als er am nächsten Tag wieder an dem Feigenbaum vorbeikommt, sehen die Jünger, dass er bis zu den Wurzeln verdorrt war. Für Markus ist dieser Baum ein Symbol für den unfruchtbaren Tempelbetrieb. An den nächsten beiden Tagen folgen lange Streitgespräche auf dem Tempelberg. Die abschließende Szene schildert die Begebenheit, von der unser heutiges Evangelium erzählt. Sie wirkt wie ein Schlusssymbol für die Tage auf dem Tempelberg. Die Witwe ist das Gegensymbol zum unfruchtbaren Feigenbaum. Sie ist die Frucht des wahren Israel, welches oft im Bild des Feigenbaums dargestellt wurde.

Jesus sitzt im Vorhof der Frauen gegenüber dem Opferstock. Er ist ein guter Beobachter und sieht an der Körpersprache dieser alten Frau: Sie gibt alles, „ihr ganzes Leben", wie es im Urtext heißt. Jesus ist offenbar vom Tun dieser Frau zuinnerst bewegt. Er ruft sofort seine Jünger herbei. „Amen, ich sage euch" ist eine Offenbarungsformel. Er muss den Jüngern etwas ganz Wichtiges mitteilen: Habt ihr diese Frau gesehen? Sie hat alles gegeben! In einem veräußerlichten, zum Teil pervertierten Tempelbetrieb muss diese Frau für Jesus ein „Riesengeschenk" gewesen sein. Er selbst war mit Hoffen und Bangen nach Jerusalem gekommen. Vielleicht ersehnte er für sich ein starkes Zeichen seines himmlischen Vaters.

Diese Witwe hat ihm in dieser angespannten Situation vor Augen geführt, was sein Lebensauftrag ist: alles zu geben, sich wegzuschenken, sich preiszugeben. Die alte Frau wird für Jesus gar zum Symbol für den liebenden Abba, der in der Lebenshingabe seines Sohnes der Welt sein Liebstes schenken wird. Durch das Ergriffensein Jesu in dieser Szene wächst ihm die innere Stärke zu, den grausamen Kreuzestod zu bestehen. Jesus lebte und starb aus diesem wunderbaren Zufluss an göttlicher Lebenskraft. Am Ölberg wird ihn noch einmal die Todesangst überfallen. Erneut muss er um das Wunder der Verwandlung von Schwäche in Stärke bitten. Sein vertrauensvolles Gebet zum Vater überwindet die Angst. Er geht gefasst in den Tod.

Was für Jesus gilt, gilt auch für uns. Wie können wir täglich aus dem Wunder der Verwandlung leben? Wer wie Jesus mit den eigenen Augen mitten am Tag die tiefere Realität sieht, wer wie er in allem den lebendigen Anruf Gottes hört, dem strömt wie aus einem unerschöpflichen Quell die göttliche Lebenskraft zu. Glaube heißt, Tag für Tag aus dem Wunder der Gnade leben.

WISSEN UM DAS ENDE

Mk 13, 24-32 33. Sonntag

In jener Zeit sprach Jesus zu seinen Jüngern: In jenen Tagen, nach jener Drangsal, wird die Sonne verfinstert werden und der Mond wird nicht mehr scheinen; die Sterne werden vom Himmel fallen und die Kräfte des Himmels werden erschüttert werden. Dann wird man den Menschensohn in Wolken kommen sehen, mit großer Kraft und Herrlichkeit. Und er wird die Engel aussenden und die von ihm Auserwählten aus allen vier Windrichtungen zusammenführen, vom Ende der Erde bis zum Ende des Himmels.
Lernt etwas aus dem Vergleich mit dem Feigenbaum! Sobald seine Zweige saftig werden und Blätter treiben, erkennt ihr, dass der Sommer nahe ist. So erkennt auch ihr, wenn ihr das geschehen seht, dass er nahe vor der Tür ist. Amen, ich sage euch: Diese Generation wird nicht vergehen, bis das alles geschieht. Himmel und Erde werden vergehen, aber meine Worte werden nicht vergehen. Doch jenen Tag und jene Stunde kennt niemand, auch nicht die Engel im Himmel, nicht einmal der Sohn, sondern nur der Vater.

Jesus spricht vom Ende der Welt. Was genau wusste er vom Weltende? Unter Wissen versteht man im Zeitalter der exakten Wissenschaften: Ein Phänomen kann im Koordinatensystem von Raum und Zeit genau beschrieben, durch Experiment und mit mathematischer Klarheit erfasst, gespeichert und wiedergegeben werden. Wissen heißt Bescheid wissen. Wissen ist Macht.

Wir hörten aus dem Mund Jesu den Satz: „Doch jenen Tag und jene Stunde kennt niemand, auch nicht die Engel, nicht einmal der Sohn, sondern nur der Vater." Jesus redet hier von seinem Nichtwissen. Mehr noch: Er redet von seiner prinzipiellen Unfähigkeit

als Sohn, um dieses Geschehen zu wissen. Nur sein Vater weiß darum. Er selbst kann weder über den Zeitpunkt noch den Ablauf der Endereignisse Auskunft geben. Verfinsterung von Sonne und Mond, Erschütterung des Himmels und Herabfallen der Sterne sind Metaphern für etwas, was sich jeglicher Beschreibung entzieht. In der Gesamtbewertung kommt man zum Ergebnis: Jesus hatte vom Weltende kein Wissen im Sinne unserer Vorstellung von Wissen.

Doch spricht aus seinen Worten eine ungeheure Gewissheit, ein sicheres Wissen aus der Tiefe. „Dann wird man den Menschensohn in Wolken kommen sehen, mit großer Kraft und Herrlichkeit ... Himmel und Erde werden vergehen, aber meine Worte werden nicht vergehen." Er weiß um Zeit und Ewigkeit, er weiß um seine Rolle im Wandel der Zeiten und beim Übergang des Zeitlichen ins Ewige. Was ist das für eine schier unglaubliche Gewissheit? Zunächst ist es die ganz nüchterne Einsicht, dass Himmel und Erde vergehen werden. Das weiß im Grunde jeder. Aber es ist ein großer Unterschied, darum nur im Kopf zu wissen oder mit seiner gesamten Existenz die Vergänglichkeit von allem anzuerkennen. Der Tod ist zwar eine sichere Tatsache am Lebensende, doch wir verdrängen ihn gewöhnlich. Furchtbare Terroranschläge, Naturkatastrophen, Unfälle oder tödliche Krankheiten im näheren Umfeld machen uns drastisch klar: Himmel und Erde können auch für mich plötzlich zusammenbrechen. Ich bin vergänglich. Im Tiefenwissen Jesu berührt sich ein Paradox: Die Vergänglichkeit von allem steht ihm klar vor Augen, aber auch das Wissen um das, was die Zeit überdauert und ewig bleibt. Er ist sich auch bewusst, dass das Ende ein universales Geschehen sein wird, „vom Ende der Erde bis zum Ende des Himmels". Er lebt sowohl aus einer Vision für das Ganze als auch aus einer fraglosen Klarheit über seine eigene Identität.

Wie kommt Jesus als Mensch zu dieser Tiefengewissheit? Was die Endzeit kennzeichnet, ist die Erschütterung von allem. Im Johannesevangelium gibt es vor der Passion mitten in einer Rede Jesu eine Art Getsemani-Szene: „Jetzt ist meine Seele erschüttert. Was soll ich sagen: Vater, rette mich aus dieser Stunde? Aber deshalb bin ich in diese Stunde gekommen. Vater, verherrliche deinen Namen! Da kam eine Stimme vom Himmel: Ich habe ihn schon verherrlicht und werde ihn wieder verherrlichen" (Joh 12, 27f). Der Vater antwortet ihm: Ich bin mit dir, auch und gerade in der Erschütterung, die dich packen und durchrütteln wird. Das ist die Grunderfahrung Jesu: Ich bin nie allein. In allem, selbst im Schrecklichen, ist mir der Vater nahe. Das ist das Geheimnis seines Lebens. Das ist seine Tiefengewissheit, die ihn durch sein Leben und durch den Tod getragen hat. Der Lebenstraum Jesu erfüllte sich nicht. Er wollte ganz Israel seinem Vater zuführen. Das bekehrte Israel sollte Vorbild und einladendes Zeichen für alle Völker sein. Dieser große Traum wurde schwer erschüttert und „durchkreuzt". Durch Erschütterung und Angst hindurch ging Jesus auf den Tod zu. Im Tod muss sich jeder Mensch ganz aus der Hand geben.

In vielen Biographien herausragender Christinnen und Christen finden wir dieses Erfahrungsmuster: Durch Erschütterungen hindurch zum Grund der Wirklichkeit durchzustoßen. Ich denke an Edith Stein, die agnostische Jüdin, die eine glänzende philosophische Karriere vor sich hatte, deutschnational dachte, ihrem Lehrer Husserl nach Freiburg folgte, 1916 ihre Doktorarbeit abschloss und erkannte, dass man sie als Frau in der universitären Männerwelt nicht hochkommen ließ. Zur gleichen Zeit erlebt sie die letzte Phase des Ersten Weltkrieges mit der bevorstehenden Niederlage. Ihre heile Vorkriegswelt bricht zusammen. Sie verliebt sich in einen Mitstudenten, der ihre Liebe nicht erwidert. Sie weiß, es liegt auch an ihrer Verhaltenheit und intellektuellen Prägung.

Sie gerät in eine tiefe Krise. 1925 wird sie im Rückblick darauf an den polnischen Philosophen Roman Ingarden schreiben: „Mir ist in Freiburg eine lange vorbereitete Krisis geschehen. Mir ist dann etwa so wie einem, der in Gefahr war zu ertrinken, und dem nachher im hellen, warmen Zimmer, wo er ganz geborgen ist, und rings umgeben von Liebe und Fürsorge und hilfreichen Händen, auf einmal das Bild des dunklen, kalten Wellengrabes vor der Seele steht. Was soll man dann anderes fühlen als Schauder, und dazu eine grenzenlose Dankbarkeit gegen den starken Arm, der einen wunderbar ergriffen und ans sichere Land getragen hat." Sie war völlig am Ende und hatte eine entscheidende Lebenswende erfahren. Ein geheimnisvoller starker Arm hatte sie gerettet. Fünf Jahre nach der Krise von 1917 geschah ihre endgültige Hinkehr zum christlichen Glauben. Der wechselvolle innere Prozess der heiligen Teresa von Ávila hatte ihr den letzten Anstoß dazu gegeben, die Wahrheit zu finden, die Wahrheit von Zeit und Ewigkeit, verdichtet in der Gestalt des Gekreuzigten.

Um Tiefengewissheit zu finden, müssen auch wir uns den erschütternden, schmerzhaften und läuternden Wandlungsprozessen des Lebens aussetzen. Die Endzeitrede Jesu umkreist das ganz und gar Unfassbare. Gleichzeitig weiß er darin um seine Rolle, denn er hat sich dem eigenen Dunkel und Untergang so ausgeliefert, dass ihm am tiefsten Punkt seiner Angst das Licht Gottes als innere Gewissheit zuteilwurde. Lukas und Johannes haben in ihren Evangelien das feste Vertrauen Jesu beim Sterben in die Worte gefasst: „Vater, in deine Hände lege ich meinen Geist" (Lk 23,46) und „Es ist vollbracht" (Joh 19,28).

Es ist für Jesus sehr bezeichnend, dass er mitten in der Endzeitrede, wo es ums Ganze und Letzte geht, ein alltägliches Bild bringt, den Feigenbaum; nicht den Feigenbaum, der abstirbt, sondern den fruchtbaren Feigenbaum im Sommer. Damit teilt er eine weitere Gewissheit über das Weltende mit: Es wird wie Sommer und Ernte sein. Für uns heißt das, täglich auf die Lebensernte hin zu leben und dabei der Hoffnung Raum zu geben, dass Gott uns für das Glück erschaffen hat, das wir einmal in Fülle genießen dürfen.

„Himmel und Erde werden vergehen, aber meine Worte werden nicht vergehen." Ich vermute, Markus will seiner Gemeinde vor allem diesen Satz ins Herz schreiben: Wendet euch immer wieder den Worten Jesu zu, vertieft euch in sie, betrachtet sein Leben, wie er das Beschwerliche und Erschütternde, wie er Leiden und Tod durchgestanden und der Gott des Lebens ihn auferweckt hat. Wenn wir immer in der Gegenwart Christi leben, brauchen wir nicht täglich mit dem Weltende zu rechnen. Dann sind wir immer mit *dem* verbunden, dem wir am Ende begegnen werden.

HÖCHSTE KUNST DER ACHTSAMKEIT

Mk 13, 33-37 1. Advent

Gebt Acht und bleibt wach! Denn ihr wisst nicht, wann die Zeit da ist. Es ist wie mit einem Mann, der sein Haus verließ, um auf Reisen zu gehen: Er übertrug die Vollmacht seinen Knechten, jedem eine bestimmte Aufgabe; dem Türhüter befahl er, wachsam zu sein. Seid also wachsam! Denn ihr wisst nicht, wann der Hausherr kommt, ob am Abend oder um Mitternacht, ob beim Hahnenschrei oder erst am Morgen. Er soll euch, wenn er plötzlich kommt, nicht schlafend antreffen. Was ich aber euch sage, das sage ich allen: Seid wachsam!

„Seid wachsam!", so der Appell Jesu. „Achtsam leben!", so hört man heute aus allen Ecken, von den Ratgeber-Blättchen bis hin zur spirituellen Literatur. Der gestresste, gehetzte moderne Mensch übt sich in Achtsamkeit, um in der Balance zu bleiben. Die ausgeglichene „Life-work-balance" ist das neue Lebensideal.

Der Appell Jesu wäre arg verniedlicht, wenn wir ihn für eine spirituelle Wellnesskultur vereinnahmen wollten. Wir haben das Schlussbild der apokalyptischen Rede gehört. Da war zuvor von traumatischen und schlimmen Dingen die Rede, vom Fall Jerusalems und der Zerstörung des Tempels. In dieser Rede tritt der Autor, ganz einmalig im Markusevangelium, aus dem Text heraus. Als er vom „Gräuel der Verwüstung" in der Heiligen Stadt spricht, fügt er ein: „ – der Leser begreife –" (Mk 13,14). Das Markusevangelium ist eine unmittelbare Reaktion auf das furchtbare Blutbad bei der Eroberung Jerusalems. Der römischen Gemeinde saß noch der

Schock der neronischen Verfolgung im Jahre 64 in den Gliedern. Sie befand sich in einer verwirrenden, ausweglosen Situation. Da hinein setzt Markus das Gleichnis Jesu vom Türhüter mit dem sechsmaligen Appell: Schlaft nicht! Merkt auf! Seid wachsam!

Man müsste heute Menschen befragen, die furchtbare Traumata erlebt haben: Krieg, Zusammenbrüche und Abbrüche in Familie oder Beruf, schwere Krankheiten, Unglücks- und Todesfälle. Das Schlimme an einem Trauma ist, dass es einen überwältigt und wie in einem Strudel nach unten zieht. Betroffene fühlen sich machtlos und ausgeliefert. Das Unerträgliche hat sie fest im Griff.

Die menschliche Psyche kommt mit traumatischen Erfahrungen dadurch zurecht, dass das schreckliche Erleben ins Unbewusste verdrängt und eingefroren wird. Oder es wird als psychischer Problemherd aufgespalten. Die einzelnen Fragmente werden da und dort im Gehirn gespeichert. Wenn dann ein Geruch, ein Wort oder eine ähnliche Situation wie damals wieder auftaucht, kommen sofort die traumatischen Erinnerungen wieder hoch. Manche Menschen können z.B. keine Sirene mehr hören, ohne dass sich die Ängste der Kriegsnächte mit den heulenden Warnsirenen melden. Oder wenn sich ein Partner im eigenen Haus erhängt hat, ist der Ort des Geschehens für immer im Gedächtnis eingegraben.

Markus lässt Jesus in eine posttraumatische Situation hinein sagen: Seid wachsam! Nehmt das wahr! Flieht nicht davor! Nur wer sich bewusst dem traumatischen Erleben stellt, hat eine Chance, es zu bestehen. Überlebensnotwendig ist, dass ein Mensch an unserer Seite ist, ein Familienangehöriger, ein Freund oder eine Therapeutin, die uns ermutigen, die traumatischen Erinnerungen aufsteigen zu lassen und uns zusagen: Du bist stärker als das Trauma in dir!

Du bist mehr als die Summe deiner Ängste! Die Bilder der Erinnerung dürfen nicht verdrängt werden, dürfen uns aber auch nicht überwältigen und besetzen. Das bewusste Anschauen traumatischer Erlebnisse schafft Distanz und stärkt das Ich.

Jesus verhält sich ähnlich in seiner Rede. Er führt die bedrohlichen Geschehnisse nüchtern vor Augen, um seine Jünger zu bestärken. Markus steigert die traumatische Schilderung noch einmal durch die unmittelbar folgende Passion. Da wird Jesus selbst, dessen Worte nie vergehen werden (vgl. Mt 24,35), am Ölberg vor Todesangst zittern und beben. Betend besteht er diese Grenzerfahrung. Sogar der Anführer und Vollender des Glaubens wird einer harten Bewährungsprobe ausgesetzt: Angst wandelt sich in Vertrauen, weil sich Jesus in seiner Todesangst ganz dem Vater überlässt.

Der Blick auf Jesus am Ölberg fordert den Glauben noch einmal heraus. Beten wie am Ölberg heißt zunächst, sich dem Bedrohlichen zu stellen und sich selbst in furchtbaren Angstzuständen auszuhalten. Darin liegt die höchste Kunst der Achtsamkeit: Ich spüre, etwas will mich erfassen und nach unten ziehen, aber ich versuche standzuhalten. Ich überlasse mich nicht wehrlos diesem Strudel. Allein durch Wahrnehmen meiner Gefühle kann ich ein Stück Distanz gewinnen. Mein angstbesetztes Ich wird von einem tieferen Selbst in mir unterfangen. Das ist der Gewinn von Wahrnehmungs- und Achtsamkeitsübungen. Einübung ins Wachsein ist eine Art Selbsthilfe.

Doch zum Beten ist noch ein zweiter heilsamer Schritt nötig: Ich wende mich an ein Du. Was mich schier übermächtig bedrängt, kann ich Gott sagen, selbst wenn das wimmernd oder schreiend geschieht wie bei Jesus selbst. Das ganze Markusevangelium läuft im Grunde auf den Schrei Jesu am Kreuz zu: „Mein Gott, mein Gott, warum hast Du mich verlassen?“ (Mk 15,34). Ein heidnischer Hauptmann ist Zeuge des Geschehens. Er sieht und hört, wie Jesus noch seinen letzten, wortlosen Schrei ausstößt und stirbt. Der Hauptmann ist davon so tief gepackt und ergriffen, dass er bekennen muss: „Wahrhaftig, dieser Mensch war ein Gottessohn!“ (Mk 15,39).

Die Wachsamkeit, von der das Evangelium spricht, wird beim Kreuzestod Jesu auf die paradoxe Spitze getrieben: Diese Art von Wachsamkeit schreit das Schreckliche Gott entgegen, übergibt es ihm und macht eben durch diesen Schrei Gott hörbar und sichtbar. Markus stellt uns in der Kreuzigungsszene so die Zumutung des Christseins vor Augen. Im Paradox des Verlassenheitsschreis Jesu lässt er aufleuchten, dass in der äußersten Übereignung auf das geheimnisvolle Du Gottes hin eine große Verheißung steckt. Der Glaube macht uns fähig, in allem, was Gott uns zumutet, seine Nähe und Zuwendung zu erfahren.

Unmittelbar vor dem Bild des Türhüters verweist Jesus ganz unerwartet auf ein Bild aus der Natur, das aus der Schilderung endzeitlicher Not herausfällt: Schaut auf den Feigenbaum, wie seine Blätter treiben. Daran erkennt ihr, dass der Sommer nahe ist und die Frucht heranreift (vgl. Mk 13,28f). Durch diesen Blick über sich hinaus auf die Natur ermutigt Jesus, dass durch tägliche Achtsamkeit eine Frucht in uns heranwachsen kann, die selbst in Katastrophen und Zusammenbrüchen Bestand hat. Es ist die Frucht bleibenden, unzerstörbaren Lebens. Sie ist jenen verheißen, die sich immer wieder auf den mahnenden Appell Jesu einlassen: Seid achtsam! Seid wachsam!

AUFERSTEHUNG MITTEN AM TAG

Mk 16, 1-8 Osternacht

Als der Sabbat vorüber war, kauften Maria aus Magdala, Maria, des Jakobus Mutter, und Salome Duftkräuter, um hinzugehen und ihn zu salben. Und in aller Frühe, am ersten Wochentag, kommen sie zum Grab, als eben die Sonne aufging.
Und sie sagten zueinander: Wer wird uns den Stein vom Tor des Grabes wegwälzen? Und sie blickten auf und schauen: Umgewälzt lag der Stein da; er war nämlich sehr groß.
Und als sie in das Grab hineingingen, sahen sie zur Rechten einen Jüngling sitzen, in einen weißen Talar gewandet – da erschauderten sie.
Er aber sagt zu ihnen: Erschaudert nicht! Jesus sucht ihr, den Nazarener, den Gekreuzigten – auferweckt ward er. Er ist nicht hier. Seht da – der Ort, wo sie ihn hingelegt haben. Doch geht, sprecht zu seinen Jüngern und Petrus: Er geht euch voraus nach Galiläa; dort werdet ihr ihn sehen, wie er euch gesagt hat.
Und hinaus gingen sie, flohen vom Grab. Noch zitterten sie und waren außer sich. Und mit niemand sprachen sie etwas – voll Furcht wie sie waren.

(Übersetzung Fridolin Stier)

„Noch zitterten sie und waren außer sich. Und mit niemand sprachen sie etwas – voll Furcht, wie sie waren." Das ist der ursprüngliche, provokative Schluss des Markusevangeliums. Der Vorhang fällt ohne Ostererscheinungen – und alles bleibt offen. Aber die Erscheinungen des Auferstandenen waren doch die Initialzündung des neutestamentlichen Glaubens! Die ganze Theologie des heiligen Paulus ist Ausdruck und Ausfluss seiner eigenen Begegnung mit dem Auferstandenen vor Damaskus. Ausgerechnet bei Markus, dem ältesten Evangelisten, fehlen die Ostererscheinungen!

Das gibt zu denken, das fordert heraus. Warum ist das so beim ältesten Evangelisten? Wir sollten immer vor Augen haben: Die Verfasser der Evangelien haben 4 oder 5 Jahrzehnte nach der Auferstehung für ganz bestimmte Gemeinden ihr Evangelium geschrieben beziehungsweise redigiert. Die Zielgruppen waren immer unterschiedliche Menschen, bei denen es, je nach konkreter Situation, spezifische Fragen, Probleme und Ausgangslagen gab. Die Evangelien sind Antwort darauf in einer lebendigen Kommunikation, in einer Suchbewegung des Glaubens.

Markus, der um das Jahr 70 für die römische Gemeinde als erster ein „Evangelium" als neue literarische Gattung kreiert hat, redigiert sein Werk unter dem unmittelbaren Eindruck der Zerstörung des Tempels in Jerusalem. Der heiligste Ort und die ganze Stadt in Schutt und Asche, Jerusalem von einem Wald von Kreuzen umsäumt! Die Katastrophe hätte nicht schlimmer sein können. Lag doch die neronische Christenverfolgung in Rom erst etwa 6 Jahre zurück. Kann man als Antwort auf solche Katastrophen einfach Auferstehungsgeschichten erzählen? Alles sah in dieser zugespitzten Situation nach Ende und Abbruch aus. Da konnte man nur zittern und außer sich sein. In diese Situation einer bedrängten Gemeinde hinein schreibt Markus sein Evangelium, und zwar als ermutigendes Kommunikationsangebot. Das gilt nicht nur für das Jahr 70, sondern auch darüber hinaus.

Die Schrecken der Weltgeschichte werden uns täglich als Katastrophenmeldungen in den Medien geliefert. Manchmal landen die Einschläge direkt neben uns. Brüche, Abbrüche und Zusammenbrüche im Leben kennen wir alle. Gerade in den letzten Wochen haben mir mehrere aus dem Bekanntenkreis erzählt, dass ihre langjährige Beziehung oder Ehe zu Bruch gegangen ist. Die Botschaft des Evangeliums will bei Menschen ankommen, die heute Lebensbrüche erleben. Die Ostererscheinungen lagen auch für die Gemeinde des Markus vierzig Jahre zurück. Es waren umwerfende Erfahrungen, allerdings von Menschen, die längst gestorben waren. Der Evangelist erzählt nichts davon, aber er gibt Hinweise für die Lebenden um das Jahr 70. Der weißgewandete Jüngling sagt den drei Frauen: „Auferweckt ward er … Er geht euch voraus nach Galiläa; dort werdet ihr ihn sehen, wie er euch gesagt hat."

Was bedeutet Galiläa für die Jüngerinnen und Jünger? Galiläa ist der Ort des faszinierenden Anfangs, wo Jesus die ersten Jüngerinnen und Jünger begeistert hinter sich geschart hat. Die Botschaft des Markus zwischen den Zeilen lautet: Geht nach schweren Lebensbrüchen in eure Anfangsbegeisterung zurück! Dort liegt eure psychische Ressource! Fragt, ob sie wirklich echt war oder ob ihr einer Illusion aufgesessen seid! Wenn sie wirklich echt war, dann habt ihr auch die Kraft, das Schwere im Leben und selbst Katastrophen zu bestehen.

Galiläa ist weiterhin der Fluchtpunkt. Markus stellt am Ölberg nüchtern fest: „Da verließen ihn alle und flohen" (Mk 14,50). Nichts wie weg und sich möglichst schnell nach Galiläa absetzen! Nur Petrus wagte es, Jesus bis in den Hof des Hohenpriesters zu folgen. Doch gerade er verleugnete seinen Meister und weinte bitterlich. Galiläa ist der Ort, wo sich alle wiederfanden, die Jesus verraten und verlassen hatten. „Er geht euch voraus nach Galiläa", heißt: Er geht euch nach, er erwartet euch trotz Schuld und Versagen, er bleibt euch treu. Das ist eine Auferstehungsbotschaft bis heute!

So schwer es ist, die Osterereignisse historisch genau zu rekonstruieren, eines kann man annehmen: Petrus hat offenbar nach der Schockstarre der Kreuzigung die Jesusanhänger in Galiläa wieder gesammelt, weil ihm, wie Lukas berichtet (vgl. Lk 24,34), der Auferstandene erschienen war. Von daher rührt die zentrale Stellung des Petrus in der jungen Jesusbewegung. Er hat vermutlich die versprengte Herde wieder zusammengeführt.

Galiläa ist nicht nur der Ort der ersten Begeisterung, der Fluchtpunkt der Schuld und der Anfang einer neuen Sammlung, Galiläa ist auch Heimat. Galiläa steht für das Gewöhnliche, den Alltag, die Familie, den bisherigen Beruf. Im Nachtragskapitel des Johannesevangeliums findet sich eine eigentümliche Ostergeschichte (vgl. Joh 21,1-14). Die ersten Jünger arbeiten wieder als Fischer wie früher, als ob nichts geschehen wäre. Nach einer erfolglosen nächtlichen Arbeitsnacht sagt ihnen eine geheimnisvolle Gestalt am Seeufer: „Werft das Netz auf der rechten Seite des Bootes aus und ihr werdet etwas finden" (Joh 21,6). Für erfahrene Fischer, die nachts arbeiten, ein völlig absurder Vorschlag, aber sie tun es und das Netz ist übervoll mit Fischen.

So kann es geschehen: Mitten im Gewöhnlichen stellt sich Ungewöhnliches, ganz Unerwartetes ein. Da können wir nur staunen. Manchmal kann sich scheinbar Absurdes so wunderbar fügen, wie wir es nie hätten erwarten können. An dieser völlig überraschenden Wende erkennen die Jünger den Auferstandenen. Er lädt sie am Ufer zum Frühmahl ein. Niemand wagt zu fragen, wer er ist. Sie spüren: „Es ist der Herr!". – Das Alltägliche, oft mühevoll und erfolglos, wandelt sich. Es stellt sich plötzlich eine Atmosphäre ein, wo eine geheimnisvolle Bejahung trotz ungeklärter Fragen, ein Gefühl von Geborgenheit mitten in der Gefahr uns trägt. Es umfängt uns eine kaum fassbare Glaubensgewissheit, die nicht aus uns selbst kommt. Galiläa steht dafür, dass die ersten Jüngerinnen und Jünger neu an ihren bisherigen Glauben anknüpfen konnten. Ähnliches geschieht auch bei uns, wenn Altes und verschüttet Geglaubtes plötzlich wieder aufbricht und sich unser Leben neu ordnet.

Doch Galiläa ist weit weg für die Gemeinde des Markus. Die Geschehnisse dort liegen über vierzig Jahre zurück. „Er geht euch voraus nach Galiläa" bedeutet für die römische Gemeinde im Jahr 70: Geht im Evangelium, geht in der Lebensgeschichte Jesu noch einmal an den Anfang zurück! Fangt nach diesem abrupten und schockierenden Schluss wieder von vorne zu lesen an!

Als Erstes ruft Jesus zwei Brüderpaare in seine Nachfolge. „Auf! Hinter mich!" Mit geradezu magnetischer Kraft beruft er sie (vgl. Mk 1,16-20). – Die Frage an bedrängte Christen im Jahre 70 und bis heute lautet: Wurdest nicht auch du einmal von Jesus innerlich gepackt? Drang das bei dir bis ins Innerste? Du magst schwere Erschütterungen erlebt haben, aber kommst du von dieser Ergriffenheit des Anfangs los? Leben ist nur wirklich lebenswert, wenn wir aus einer Vision leben und uns die Faszination eines Lebensentwurfs nicht loslässt. Drohen Abbrüche, dann zeigt sich, ob unsere Lebensvision tragfähig ist und der Belastung standhält, vielleicht sogar daran reift und neue Tiefe gewinnt.

Die zweite Szene am Anfang des Evangeliums findet in der Synagoge von Kafarnaum statt. Jesus lehrt und ein Besessener schreit dazwischen. Er ist von dämonischen, zerstörerischen Kräften besetzt. Die bösen Geister wittern die Gegenmacht des Göttlichen, die mit Jesus auftritt (vgl. Mk 1,21-28). – Jeder von uns steckt in

Vorprägungen, in schuldhaften Verstrickungen, die uns unfrei machen. Jesus tritt auf, um Menschen aus dem Netz der Unfreiheit und Entfremdung zu befreien. Herr zu sein im eigenen Lebenshaus, ist eine Erfahrung von Auferstehung bis heute.

Die dritte Szene führt uns in das Haus des Petrus. Die Schwiegermutter liegt mit Fieber darnieder. Jesus „fasste sie an der Hand und richtete sie auf" (vgl. Mk 1,29-31). – Unvermutet und neu geschenktes Leben ist immer eine Gnade, die Auferstehung aufblitzen lässt. Vermutlich kennen viele diese Erfahrung: Wider alle Erwartung konnten wir aus psychischen Einbrüchen oder nach schweren Krankheiten wieder aufstehen. Das normale Leben kam uns dann wie ein unerhörtes Geschenk vor. Auch das eine Lichtspur, die zum Auferstehungsglauben ermutigt.

Markus sagt seiner Gemeinde: Lest diese Jesusgeschichten! Vertieft euch in sie, gerade in Situationen der Bedrängnis und des Abbruchs! Der Jude Markus hat diese Sicht des Glaubens aus seiner heiligen Schrift gelernt. Die Tora, die fünf Bücher Mose, enden nicht im Triumph. Mose darf das Gelobte Land nicht betreten. Dieses Land der Verheißung wird eigentlich nie erreicht. Denn das Volk und vor allem seine Oberschicht fielen immer wieder in die alte Unfreiheit zurück. Deshalb mussten prophetische Stimmen warnen und schlimme Folgen androhen, weil sie sich abkehrten vom Gott des Lebens.

Die furchtbarste Katastrophe war die Zerstörung des ersten Tempels (587 v.Chr.). Erst im Babylonischen Exil, ohne Land und Tempel, brach der Glaube an den einen Gott des Himmels und der Erde endgültig durch. Die Geschichte vom Sieben-Tage-Werk Gottes ist eine Antwort auf den Zusammenbruch von allem, was dem

Volk bisher Sicherheit gab. Die Schöpfungsgeschichte schildert die Welt als geordnetes Lebenshaus. Das mag nach Idylle klingen. Doch die Urgeschichten reichen bis zur Sintflut. Am Anfang war alles wunderbar erschaffen, mit der großen Flut reagierte Gott auf die Bosheit der Menschen. Die entfesselte Natur zeigte ihre Grausamkeit. Der Mensch muss in der spannungsvollen Einheit von Ordnung und Chaos die Balance finden. Das ist die Botschaft der Urgeschichten. Auch das Verhältnis von Mann und Frau war paradiesisch als gegenseitige Ergänzung gedacht. Doch zwischen beide schlängelt sich die Entfremdung voneinander und von Gott. Auch Brüder sollten als Geschwister verbunden sein, doch sie werden zu Feinden. Abel wird von Kain ermordet. Diese Grundspannung zwischen Ideal und Wirklichkeit durchzieht alle Urgeschichten und die gesamte Menschheitsgeschichte.

Deshalb galt schon für die jüdische Bibel: Der Glaube muss sich immer wieder in die große Vision des Uranfangs vertiefen. Gläubige Juden mussten immer schon den geheimnisvollen Schöpfergott in allen Wechselfällen des Lebens, selbst inmitten von Katastrophen suchen und finden. Die Weisung an Israel lautete: Höre! Höre auf den Gott des Lebens, der dich durch dieses spannungsgeladene Leben leiten will! Diese Grundausrichtung führt Markus weiter. Er sagt: Schaut auf Jesus, schaut auf den Menschensohn und hört auf ihn! Verinnerlicht sein zentrales Anliegen „Der Menschensohn ist nicht gekommen, um sich dienen zu lassen, sondern um zu dienen und sein Leben hinzugeben als Lösegeld für viele“ (Mk 10,45)! In der Gestalt Jesu sind für Markus die Verheißungen an Israel erfüllt.

Ich kann Sie zum Schluss doch noch auf eine österliche Geschichte des Markus verweisen. Ich erinnere an die Schwiegermutter des Petrus. Vorhin hörten wir: Jesus „richtete sie auf“. Im Urtext ist es dasselbe Verb, mit dem der weißgewandete Jüngling die Auferstehung Jesu ansagt. Von der aufgerichteten, „auferweckten" Schwiegermutter des Petrus heißt es: „Sie diente ihnen." Das ist mehr als nur die Bewirtung der Gäste. Vielmehr tut sie das, was den Menschensohn zuinnerst prägt und ausmacht, nämlich zu dienen. Das ist die Grundbotschaft des Markus: Bei allem, was uns im Leben niederwirft, uns von Christus aufrichten lassen, um dann als „Auferstandene" die dienende Liebe zu leben. Damit haben wir am Anfang des Markusevangeliums doch eine Auferstehungserscheinung gefunden, noch dazu von einer Schwiegermutter. Das muss zur Ehre vieler verkannter Schwiegermütter endlich einmal an Ostern gesagt werden!

DES FLEISCHES HIMMELFAHRT

Mk 16, 15-20 Christi Himmelfahrt

Dann sagte Jesus zu seinen Jüngern: Geht hinaus in die ganze Welt und verkündet das Evangelium der ganzen Schöpfung! Wer glaubt und sich taufen lässt, wird gerettet; wer aber nicht glaubt, wird verurteilt werden. Und durch die, die zum Glauben gekommen sind, werden folgende Zeichen geschehen: In meinem Namen werden sie Dämonen austreiben; sie werden in neuen Sprachen reden; wenn sie Schlangen anfassen oder tödliches Gift trinken, wird es ihnen nicht schaden; und die Kranken, denen sie die Hände auflegen, werden gesund werden. Nachdem Jesus, der Herr, dies zu ihnen gesagt hatte, wurde er in den Himmel aufgenommen und setzte sich zur Rechten Gottes. Sie aber zogen aus und verkündeten überall. Der Herr stand ihnen bei und bekräftigte das Wort durch die Zeichen, die es begleiteten.

Der Eingangsvers zu Beginn der heutigen Festmesse lautet: „Ihr Männer von Galiläa, was starrt ihr da staunend zum Himmel?" Die biblische Vorlage aus der Apostelgeschichte wird in diesem Satz noch einmal zugespitzt. Dort hieß es von den Jüngern: „Während sie unverwandt ihm nach zum Himmel emporschauten …" (Apg 1,11). Wie in den Ostergeschichten sind es auch hier himmlische Boten, die die Starre lösen: Hier gibt es nichts zu sehen! Später einmal schon, aber nicht jetzt! Die Männer von Galiläa folgen den Worten der Boten. Sie lassen den Himmel aus dem Blick und gehen vom Ölberg nach Jerusalem. Dort beten sie zusammen, wählen Matthias zum Apostel und bilden Gemeinde. Sie warten, bis an Pfingsten die Kraft von oben auf sie herabkommt. Der Heilige Geist wird sie beseelen und aussenden.

Die heutige Liturgie dehnt gewissermaßen den Blick der Jünger auf einen ganzen Festtag aus. Christi Himmelfahrt ist wie ein unverwandter langer Blick, ein staunendes Nachsinnen über das, was da eigentlich geschehen ist. „Nachdem Jesus, der Herr, dies zu ihnen gesagt hatte, wurde er in den Himmel aufgenommen und setzte sich zur Rechten Gottes." Dieser Augenblick unter freiem Himmel wird in der Liturgie, aber auch im Stundengebet der Kirche festgehalten.

Engel spielen in der Apostelgeschichte eine deutende Rolle, sie können aber auch ganz anders an dem Geschehen beteiligt sein, wie in einem Hymnus aus dem 10. Jahrhundert im Stundengebet gesungen wird: „Es zittern die Engel, sie sehen gewendet die Stelle der sterblichen Menschen. Es sündigt das Fleisch, es reinigt das Fleisch. Gott herrscht, Gottes eigenes Fleisch." Die letzten beiden Strophen dieses Hymnus lauten auf Lateinisch: „Peccat caro, mundat caro, regnat Deus, Dei caro." Das gehäufte „Caro" – Fleisch – fällt auf. Dies wurde in späteren Fassungen als überzogen und unangemessen empfunden. So übersetzte man im 19. Jahrhundert: „Die Engel mit Erstaunen sehn, was Wunder mit der Welt geschehen. Von Fleischesschuld hat Fleisch befreit. Der Gottmensch herrscht in Ewigkeit." Nach der Liturgiereform heißt es jetzt im GOTTESLOB (Nr. 339): „Die Engel mit Erstaunen sehn, was Wunder mit der Welt geschehen. Sie lag im Tod, nun ist sie frei: Durch Christi Sieg sie wurde neu." Der Ausdruck „Fleisch" wird zunehmend gemieden. Das „Zittern" der Engel weicht einem staunenden Wahrnehmen. Es wird abgemildert. Die Schärfe des mittelalterlichen Hymnus wird den Menschen von heute nicht mehr zugemutet. Übrigens, „zittern" heißt in der Originalfassung „tremunt". Dieses Wort weckt die Assoziation eines Erdbebens.

Die Himmelfahrt Christi ist ein Beben im Himmel, eine kosmologische Erschütterung, denn hier geht es um das gesamte Weltgefüge. Dieses „Mysterium tremendum" ist das Empfinden der Engel. Sie werden erschüttert durch eine sehr grundlegende Umschichtung im wohlgefügten Bau des Universums. Die höchste Sphäre des Kosmos, die Welt der Ideen, der reinen Geister, der eigentliche Bereich der Engel, erfährt eine radikale Umkehrung. In der bisherigen Hierarchie hatte der Mensch seinen klaren Ort auf dieser Erde, wie es Psalm 8 verdeutlicht: „Was ist der Mensch, dass du seiner gedenkst, des Menschen Kind, dass du dich seiner annimmst? Du hast ihn nur wenig geringer gemacht als Gott, du hast ihn gekrönt mit Pracht und Herrlichkeit. Du hast ihn als Herrscher eingesetzt über die Werke deiner Hände, alles hast du gelegt unter seine Füße: Schafe und Rinder, sie alle und auch die wilden Tiere, die Vögel des Himmels und die Fische im Meer, was auf den Pfaden der Meere dahinzieht." Der Mensch hat auf der Erde eine hoheitliche Stellung, aber sein Rang liegt natürlich unterhalb der Engel.

Der mittelalterliche Hymnus betont das „peccat caro": Der Mensch wohnt in einem sündigen Fleisch. Nach der Vertreibung aus dem Paradies muss Adam unter Mühsal den Ackerboden bestellen, Eva unter Schmerzen gebären und am Ende ist der Mensch dem Tod verfallen. Durch diese Art von Fleisch wird der Abstand zu den Engeln noch einmal vergrößert. Der Mensch ist vergängliches Fleisch, weit unterhalb der unsterblichen Geister.

Die Ursache des Bebens der Engelwelt liegt nach dem mittelalterlichen Hymnus in einer Umschichtung der kosmischen Hierarchie: „Tremunt videntes Angeli, versam vicem mortalium." „Es zittern die Engel, sie sehen gewendet die Stelle der sterblichen Menschen." Diese Umkehrung bezieht sich auf das Los und die Stellung der

Sterblichen. Es ist die Umkehrung der Verfallsgeschichte des Fleisches. „Es sündigt das Fleisch, es reinigt das Fleisch, Gott herrscht, Gottes eigenes Fleisch." Die Inkarnation, die Fleischwerdung Gottes, vollbringt die Rettung des Fleisches, die Reinigung von Schuld und damit der alten Verfallenheit an den Tod. Hier spielt sich in der Tat eine riesige Revolution ab: „Regnat Deus, Dei caro" – „Gott herrscht, Gottes eigenes Fleisch".

Der Mensch ist nicht bloß, wie in Psalm 8 beschrieben, König der Tiere auf Erden. Er gewinnt eine Position weit über den Engeln. Das Fleisch, der vergängliche Erdenmensch, gelangt als Bruder und Schwester an die Seite des Weltenherrn, des Kosmokrators über die Geisterwelt. Über den von Gott hervorgebrachten Ideen und spirituellen Energien thront die Realität eines leibhaftigen Menschen. Die Himmelfahrt ist somit die Vollendung der Inkarnation, der Fleischwerdung des ewigen Wortes. Das sterbliche Fleisch, auf das sich der Schöpfer eingelassen hatte, wird nicht wieder abgelegt, sondern mitten in den absoluten Geist und in seine Lebensgemeinschaft hineingenommen. Der Schöpfer zieht damit den hinfälligen Menschen als Herzstück und Gipfel seiner Schöpfung in sein eigenes Leben. Er zieht ihn in sich selbst hinein. „Die Engel mit Erstaunen sehn, was Wunder mit der Welt geschehn."

War das jetzt alles eine antiquierte Wortspielerei? Wie können wir heute diese Meditation über Texte aus überkommenen kosmologischen Vorstellungen für uns übersetzen? Friedrich von Spee, der Jesuit aus dem 17. Jahrhundert, weist uns in seinem berühmten Weihnachtslied die Richtung. In der vierten Strophe von „Zu Betlehem geboren" heißt es: „Dich, wahren Gott, ich finde in meinem Fleisch und Blut, darum ich fest mich binde an dich, mein höchstes Gut." Ganzheitlich, mit dem Herzen und im eigenen Fleisch und

Blut, heißt es, den Menschgewordenen zu suchen und zu finden. Das ist der Weg zum Himmel.

Gott hat sich durch den Menschen Jesus von Nazareth mit der Menschheit verbunden. Der Menschensohn hat alles Menschliche mit uns geteilt. Sein Leib ist der Angelpunkt des Heiles: „Caro cardo salutis“, so das Wortspiel des Kirchenvaters Tertullian. Von Jesus sagt das heutige Festgeheimnis: „Er (wurde) in den Himmel aufgenommen und setzte sich zur Rechten Gottes.“ Gott mutet uns diese vergängliche Welt zu. Er mutet uns auch das sterbliche Fleisch zu, doch er ermutigt uns auch, unseren Leib, unsere Schwäche, selbst unser Versagen anzunehmen. In der Selbstannahme liegt der Schlüssel zum Glauben. Glaube ist der Mut, mich so anzunehmen wie Gott mich annimmt und bejaht.

Ist es nicht staunenswert und ver-rückt es nicht alle unsere gewohnten Maßstäbe, dass „Gott im Fleische ist“ und die Herrschaft im Himmel „Gottes eigenem Fleisch“ gehört? Es mag verrückt sein, aber genau das feiern wir heute.

(angeregt durch Alex Stock, Poetische Dogmatik. 3. Band, Christologie, Paderborn 1998, S. 266–271)

PROFESSOR ERNST ARNOLD BAUER

Geboren 1949
in Linz, Österreich

Seit dem Abschluss der Kunsthochschule Linz 1971 mit höchster Auszeichnung stets freischaffend tätig.

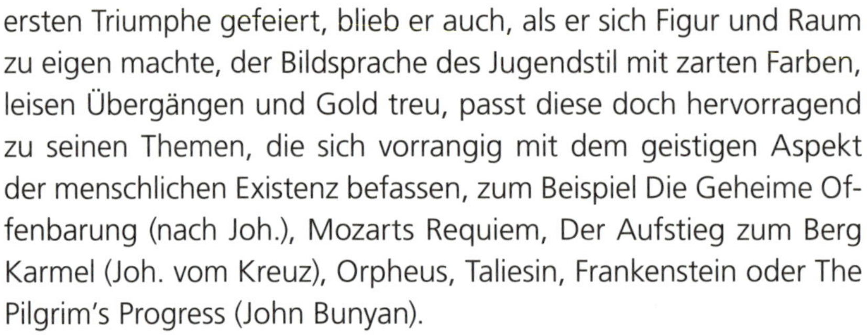

Hatte er mit flächiger Abstraktion seine ersten Triumphe gefeiert, blieb er auch, als er sich Figur und Raum zu eigen machte, der Bildsprache des Jugendstil mit zarten Farben, leisen Übergängen und Gold treu, passt diese doch hervorragend zu seinen Themen, die sich vorrangig mit dem geistigen Aspekt der menschlichen Existenz befassen, zum Beispiel Die Geheime Offenbarung (nach Joh.), Mozarts Requiem, Der Aufstieg zum Berg Karmel (Joh. vom Kreuz), Orpheus, Taliesin, Frankenstein oder The Pilgrim's Progress (John Bunyan).

Graphische Serien schuf E. A. Bauer unter anderem zu folgenden Themen: Der Kreuzweg, Der kleine Prinz (Saint-Exupéry), Finnegans Wake und Ulysses (James Joyce), Erzählungen von E. T. A. Hoffmann, Dr. Faustus (Thomas Mann) oder Don Quijote (Cervantes).

Technisch versiert bedient sich der Künstler der verschiedensten Techniken: Fresko, Secco, Öl, Tempera, Aquarell, Pastell, Zeichnung, Monotypie, Radierung, Lithographie und Siebdruck sowie Karborundum, die er zum Teil kombiniert.

In weit über 100 Einzelausstellungen hat er sein Werk inzwischen in vielen Ländern Europas und in den USA präsentiert und wurde auch in Buch und Film veröffentlicht. Für seine Verdienste um die Kunst wurde er 2017 vom österreichischen Bundespräsidenten mit dem Berufstitel Professor ausgezeichnet.

PATER KARL KERN SJ

Geboren 1949 in Obernburg/Main

1968 Eintritt in den Jesuitenorden

1976 Priesterweihe, anschließend Studium der Geschichte und Germanistik

Bis 1984 Gymnasiallehrer am Kolleg St. Blasien

1985 bis 1995 Hochschulpfarrer in Karlsruhe

1996 bis 2009 Cityseelsorger in Nürnberg, St. Klara

Seit 2010 Kirchenrektor St. Michael, München

Meine Predigten in St. Michael treffen auf ein spirituell interessiertes, meist akademisch gebildetes Publikum. Sie sollen den Zuhörern helfen, das Markusevangelium auf unserem heutigen Wissensstand zu verstehen. Das erfordert ein genaues Eingehen auf den Wortsinn und eine Verortung der jeweiligen Perikope im Kontext des Evangeliums und der gesamten Bibel. Darüber hinaus ist es nötig, über den Text hinauszugehen und die historischen Rahmenbedingen einzubeziehen. Wenn klar wird, auf welche Fragen der Text eine Antwort geben will, ist schon der erste Schritt ins Heute getan.

Der Prediger appelliert an das Herz und den Verstand seiner Zuhörerschaft und ermutigt zu einer freien Glaubensentscheidung. Dabei darf er sich selbst nicht verstecken. Er gibt sich hinein in die verkündete Botschaft. Im Mittelpunkt steht allerdings nie der Prediger, sondern der lebendige Christus.

DER AUFSTIEG ZUM BERG KARMEL

nach Johannes vom Kreuz

Bilder und Objekte von Ernst Arnold Bauer

Johannes vom Kreuz, der große spanische Mystiker aus dem 16. Jahrhundert, war ein geistlicher Bergführer. Er hatte während einer schlimmen Klosterkerkerhaft sein sprirituelles Durchbrucherlebnis: Die „dunkle Nacht der Seele" verwandelte sich in Licht. Er wollte als Seelsorger anderen helfen, den Weg zum flammenden Gipfel der Liebe zu finden. „Der Aufstieg zum Berg Karmel", sein Hauptwerk, hat Ernst Arnold Bauer seit 1968 begleitet. 1991 wagte er, Richtung und Etappen des geistlichen Weges bildnerisch umzusetzen.

Die 12 Objekte (siehe Bild S. 183) sind Mönchskutten, die eine innere Haltung ausdrücken (siehe Bild nächste Seite). Wo der Kopf sitzt, ragt ein Kreuz aus dem Gewand: Sinnbild der radikalen Offenheit für den unbegreiflichen Gott in der Nachfolge Jesu Christi.

Der Aufstieg in die unbegrenzte Weite Gottes beginnt damit, dass der Mensch alles lassen muss, woran er sich klammert: Die ersten drei Bilder skizzieren diesen Weg der körperlichen und geistigen Askese. Die Selbstüberhebung, der Stolz muss überwunden werden (Bild 4). Nach der Phase der Läuterung dämmert erste Erkenntnis auf. Es wächst die Kraft zum hingebungsvollen Handeln. So entsteht immer mehr der geistgeprägte Mensch (Bilder 5-8). Unser Bild auf Seite 184 ist das neunte in der Reihe: Es zeigt den „Kämpfer", einen Menschen, der – vom Blau des Himmels durchleuchtet – inmitten einer dunklen, widerständigen Welt zu den friedvollen Waffen des Lichts greift. Es bildet sich mehr und mehr der geistliche Mensch heraus. Das kleine, begrenzte Ich wird überwunden. Ein neuer Mensch wird geboren, der zur Selbsterkenntnis und Erleuchtung gefunden hat (Bilder 10-11).

Das letzte Bild will das, was alle Bilder übersteigt, andeuten: „Befreiung" nach einen mühsamen Aufstieg. In der Weite göttlichen Geistes fliegt ein Himmelswesen, das ein menschliches Gesicht trägt. Ein neuer, wesentlicher, freier und liebender Mensch ist geboren.

Karl Kern SJ

E.A. Bauer: Aufstieg zum Berg Karmel
12 Gemälde – Acryl auf Leinwand – 12 Soutanen
Domschatz- und Diözesanmuseum Eichstätt

Der Kämpfer
Acryl auf Leinwand 130 x 120 cm